AF310368

LE PROBLÈME

DU

DÉTERMINISME SOCIAL

Déterminisme biologique

& Déterminisme social

PAR

D. DRAGHICESCO

MEMBRE DE LA SOCIÉTÉ DE SOCIOLOGIE

———

PARIS

ÉDITIONS DE LA GRANDE FRANCE

19, RUE DES FEUILLANTINES, 19

1903

A MONSIEUR E. DE ROBERTY

Hommage respectueux.

L'Auteur.

Déterminisme biologique
& Déterminisme social

« L'homme se trouve placé sous l'empire des causes *sui generis* dont la part relative dans la constitution de la nature humaine devient toujours plus considérable. » (E. Durkheim, *Divis. du trav. soc.*, p. 386.)

N'est-ce pas se hasarder que d'accoupler ces deux termes, et de faire du déterminisme social le pendant du déterminisme biologique ? Et cependant si on ne le fait pas il y a toute une large activité intellectuelle dite scientifique, s'appliquant à l'étude spéciale des sociétés, qui serait parfaitement vaine. La légitimité de cette sorte de travail scientifique et par conséquent de la sociologie ne sera pas démontrée tant qu'on n'aura pas démontré la réalité et la nature du déterminisme social d'une manière telle qu'il apparaisse comme indiscutable et qu'on puisse le mettre au même rang que le déterminisme biologique.

Dans l'état actuel des choses, la conception de la nature de ce déterminisme est très vague et par cela même multiple, variant avec les différentes tendances prépondérantes dans la sociologie. De là cette confusion et ce scepticisme chronique à l'égard de la réalité sociale (1) et des lois sociologiques (2), et cela chez les sociologues eux-mêmes. Nous pensons qu'une des premières causes de cette confusion et de ce scepticisme, réels et légitimes, c'est de ne pas avoir osé poser le problème du déterminisme social de façon à en faire le pendant du déterminisme biologique, car ce rapprochement sous cette forme nette, à ce que je sache, se fait ici pour la première fois. Ce n'est pas à dire qu'on n'a pas encore envisagé le problème car — on le verra dans la suite — il a été touché plus d'une fois, mais tou-

(1) Espinas, « *Être ou ne pas être* », Revue philosophique, 1901, (I), p. 451.
(2) Maurice Bloch, *Progrès des sciences économiques*, Paris. 1890, p. 52-53.

jours en passant, avec peu de suite et surtout avec peu de conscience de son importance capitale. C'est dire qu'il a été traité toujours d'une manière trop partielle.

Ce qu'on veut faire ici c'est précisément de dégager de ces essais particls, et d'une manière nette, la vraie position du pro-problème, car on pense bien que ce n'est qu'à ce prix qu'on pourra déterminer le sens, où doivent se diriger des efforts fructueux.

D'autre part, ce n'est pas sans raison qu'on a rapproché et opposé le déterminisme social au déterminisme biologique, car ils sont ennemis à outrance dans la réalité effective des choses autant que dans les théories des savants. En effet, de ce que nous allons voir, nous pensons qu'il ressortira cette idée, que le déterminisme social est à cette heure encore dans un antagonisme effectif, dans la réalité, avec le déterminisme biologique, et qu'il se réalise au fur et à mesure qu'il peut vaincre et empiéter sur celui-ci. De là deux conceptions opposées, de la sociologie : l'une biologique, l'autre proprement sociologique, et par conséquent nous avons là une deuxième cause principale de la confusion qui règne encore dans la sociologie.

Puis, on sait que d'une manière générale la conception de la société, comme une réalité spéciale, ne se constitua que le jour où on lui appliqua la conception organique des lois naturelles et particulièrement biologiques. Sans doute, la réalité sociale ne pouvait percer qu'à travers la conception biologique. Mais, une fois née, la sociologie a manifesté naturellement des velléités d'autonomie.

De là un autre conflit théorique, différent du conflit réel, qui s'y ajoute, le fortifie et l'exagère. Les attaches trop fortes, qui, dans l'esprit des savants, lient les sciences sociales à la biologie, ont failli étouffer la sociologie. N'y a-t-il pas ici une troisième cause de cette confusion et de ce scepticisme, que nous venons de signaler dans la sociologie ?

Il est évident que le conflit, à la fois réel et théorique, qui existe entre les deux déterminismes, n'a pas été pour peu dans la confusion et le scepticisme qui enveloppent le déterminisme social. Il s'ensuit que, pour dégager nettement la vraie position du problème, il faut démêler, dans cet antagonisme et dans cette confusion inextricable, ce qui revient à la réalité de ce qui revient à la théorie. Le conflit théorique ne prendra complètement fin que le jour où le conflit réel cessera — le déterminisme social s'étant affranchi du déterminisme biologique, — ce qui pourrait bien arriver si tant est que l'idée du progrès social a plus qu'une valeur subjective, utopique. Mais, encore faut-il que la théorie n'entrave pas la marche de la réalité, car ici, comme nulle part ailleurs, la marche de la réalité dépend pour beaucoup de la théorie. Par conséquent, si l'on arrive à dégager celle-là des erreurs de celle-ci, on arrivera, par cela même, à faciliter la solution du conflit réel des deux déterminismes, en même temps que la solution de leur conflit théorique.

Il semble qu'il ne s'agissait que de faire comparaître les deux déterminismes face à face, d'examiner leurs griefs et leurs droits réciproques, d'en faire le procès impartial, dont l'arrêt mettra la théorie en accord avec la réalité. En d'autres termes, ce qu'on espère entreprendre ici c'est, par conséquent, de voir *si le déterminisme social a une réalité, non seulement distincte de la réalité du déterminisme biologique, mais encore opposée à celle-ci.* C'est au déterminisme social, comme dernier venu, de faire la preuve de son état civil contesté par son aîné le déterminisme biologique. Sans doute, puisque par la force des choses, la réalité sociale ne pouvait se révéler à la conscience qu'à travers la réalité biologique, elle était, en quelque sorte, forcée de s'identifier avec celle-ci, mais, une fois qu'on en a pris conscience, la conception biologique de la société n'a plus eu de sens. Autant cette conception était indispensable au commencement, autant elle devint inopportune dans la suite. Cependant, il se trouve toujours, dans la réalité même, quelque chose qui justifie cette survivance. C'est que le terrain, où ces deux réalités se rencontrent, est le même : l'homme vivant en société. En somme, il est facile de voir que ce motif réel de la survivance et, par suite, de la confusion théorique est la source même des raisons que nous venons de signaler plus haut comme justifiant la confusion et le scepticisme, qui subsistent à l'égard du déterminisme social. Ainsi envisagé, le problème du déterminisme social prend cette formule plus précise : il consiste à voir s'il y a dans l'individu, vivant en société, une dualité de natures différentes, à savoir un déterminisme social distinct et opposé au déterminisme biologique. Il s'agit donc de préciser, dans l'individu, ces deux natures distinctes et opposées, s'il y en a, et de voir leurs relations.

Mais par là on ressuscite l'ancienne controverse métaphysique du vieux problème de la dualité de nature de l'homme, que les physiologistes avaient cru, un moment, résoudre en l'enterrant, mais que la sociologie se voit réduite à reprendre et à résoudre pour en donner une preuve définitive de son état civil.

Traduit dans des termes qui conviennent à la discussion présente, ce problème se pose ainsi : Est-ce que toutes les actions de l'homme, vivant en société, trouvent leur explication suffisante dans le déterminisme physiologique de la constitution matérielle de l'homme ? ou bien y a-t-il, parmi ses actions, quelques-unes, qui nécessitent un déterminisme supérieur, différent de celui-ci ? Si les actes moraux et sociaux dérivaient de la constitution biologique de l'individu, le déterminisme social ne pourrait plus être que l'invention d'une intelligence désœuvrée, en tout cas nous ne pourrions l'admettre qu'après avoir répondu à ces trois questions :

1° Y a-t-il des lois morales et sociales, et ces lois sont-elles si indépendantes des lois biologiques et naturelles en sorte qu'elles forment un déterminisme distinct, et même opposé au déterminisme biologique ?

2° Quels sont les aspects sous lesquels ces deux déterminismes se présentent dans l'individu social, et quels sont leurs rapports ?

3° Quelle peut être la formule scientifique du déterminisme social par rapport au déterminisme biologique, et quelle en est la spécificité ?

Une étude prolongée et une analyse laborieuse de la littérature sociologique nous a permis, nous l'espérons au moins, de donner quelques indications plus précises, sinon plus systématiques, sur les réponses que ces questions attendent encore.

I

Réalité Ethico-sociale et Réalité Naturelle.

La question est de savoir si la société civilisée, et par conséquent la réalité éthico sociale, sont le champ d'application des lois naturelles biologiques exclusives, ou bien si ces lois disparaissent ou s'effacent, à mesure que la société se réalise, devant des lois essentiellement différentes qu'on doit appeler les lois éthico-sociales.

Dans ce dernier cas la réalité du déterminisme social serait implicitement démontrée.

Mais, ainsi conçu, notre problème revient à se demander si la morale est ou n'est pas... naturelle, c'est-à-dire si elle est un prolongement, sans discontinuité, des lois naturelles, ou si elle est quelque chose, qui non seulement déroge à ces lois, mais encore qui en est comme le défi. Sans doute c'est là la source du double conflit entre la réalité *morale* et naturelle d'une part et entre *les théories* de la réalité morale et naturelle de l'autre.

Personne ne peut plus soutenir — et nous moins que tout autre — que la morale est en dehors de la nature *luto sensu ;* cependant, cela ne veut pas dire que les lois sociales et morales doivent être les mêmes que celles qui régissent le reste de la nature. Si la société et la morale sont, en effet, une partie de la nature, elles en sont une partie *spécifique,* et ne sauraient, par conséquent, se confondre avec le reste. Ou plutôt, nous devons comprendre que nous ne pouvons former l'idée de la nature, dans le sens large, qu'en juxtaposant à la nature physique et biologique la nature morale.

Il devient alors évident que la société et la morale peuvent être naturelles, sans que pour cela leur domaine spécifique soit le champ d'application des lois qui règnent sur les autres domaines de la nature. Au contraire, il semble beaucoup plus admissible que la spécificité des lois et des explications suive la spécificité des phénomènes. En ce cas, donc, il devient tout aussi légitime, ou tout aussi absurde, de déduire des lois physico-chimiques et biologiques les lois éthico-sociales, qu'inversement de déduire les lois naturelles physiques et biologiques des lois éthico-sociales. Cependant, comme on va le voir, ces considérations n'ont pas empêché les savants et les philosophes de tomber dans cette erreur, ce qui d'ailleurs n'est pas sans pouvoir s'expliquer.

Inspirés des meilleurs sentiments à l'égard de la société et de la morale, ils ont voulu les étudier méthodiquement pour en faire la science. Mais, comme l'idée de la science était trop identifiée à l'idée de nature *stricto sensu*, la science ne s'étant appliquée jusqu'alors qu'à cette matière, ils ont cru que pour constituer une science sociale, il fallait identifier la société avec le monde physique et biologique. *Comte* n'avait-il pas intitulé son œuvre sociologique la physique sociale? De là jusqu'à transporter sur le terrain de la sociologie tout le bagage des lois et pseudo-lois naturelles, il n'y avait qu'un pas. D'autant plus qu'on réalisait de la sorte une considérable économie d'effort intellectuel. C'est ce qui les conduisit à méconnaître totalement la réalité sociale, de manière que cette tentative scientifique, quoique bien intentionnée, a rendu impossible la science sociale et tend à entraver même l'accomplissement normal de la réalité sociale.

De cette façon, la conception biologique devint toute puissante dans les sciences sociales et constitua la thèse moniste absolue. Seulement, en face de cette confusion voulue, la conscience de la spécificité du monde social se redressa plus forte et engendra la thèse dualiste, absolue, par suite fausse, qui s'opposaà la thèse moniste, laquelle non moins absolue est par suite non moins fausse.

Malgré sa fausseté, la conception moniste est toujours en vogue, elle compte encore d'illustres défenseurs, parmi lesquels il y en a du savoir et de la compétence de *Spencer*. Pour celui-ci, la justice découle de la loi biologique : « la survie des plus capables » ou bien de l'hypothèse que « la préservation de l'espèce est désirable » (1). Il fonde son œuvre sociologique sur les qualités primitives de l'homme et déduit des lois physiologiques presque toutes les lois éthiques et sociales (2). Telle est aussi la tâche des sociologues darwinistes, parmi lesquels M. *Novicow* (3) et, jusqu'à un certain point, des organicistes : *Schœffle* (4), *Worms* (5) et *Lilienfeld* (6).

Depuis quelque temps cette conception a acquis une force nouvelle en faisant appel à l'anthropologie qui, dans cette alliance douteuse, s'est pervertie en *Anthroposociologie*.

M. *Ammon*, dans un livre retentissant : *Die Gesellschaftsordnung und ihre naturliche Grundlagen*, démontre par *a priori* que « la justice est un instrument de la sélection naturelle », que les classes sont « l'instrument par lequel s'opère une sorte de *triage* naturel des individus » qui constitue « le processus naturel » de la société. Ainsi, pour cet anthroposociologue, l'homme moral « ne peut être que le résultat de la sélection naturelle, et il doit y rester soumis sans interruption pour maintenir le niveau atteint ». Il n'y a plus de doute, d'après Ammon, la société est bien le champ d'application des lois naturelles biologiques, car, nous dira-t-il, « la loi de la sélection naturelle nous est apparue partout... dans l'armée, dans le fonctionnarisme, dans le commerce, etc. ». Pour tout dire en un mot, « l'ordre social repose sur l'inégalité, car elle est inséparable du genre humain » (7).

En France M. *Lapouge*, dans ses écrits et plus spécialement

(1) *La Justice*, trad. Castelot, Paris, Alcan, 1893. p. 5-11.
(2) *Principes de sociologie*, vol. I, Paris, Alcan, 1883, p. 14-15.
(3) *La lutte entre les sociétés*.
(4) *Bau und Leben...*, passim, 1896.
(5) *Organisme et société*, passim.
(6) *Pathologie sociale*, Paris, Giard, 1896.
(7) *L'ordre social*, Paris, Fontemoing. 1900, p. 215, 216, 491, 509.

dans son livre intitulé *Sélections sociales*, arrive à des résultats absolument pareils. Pour lui aussi, « toute l'évolution
sociale est dominée par la sélection ». Mais il va encore plus
loin, jusqu'à nous affirmer que la sélection est une loi particulièrement sociale, et il a l'air d'être convaincu que c'est la botanique et la zoologie qui ont emprunté cette loi à la sociologie,
car il nous apprend que « le domaine de sélectionnisme, en
botanique et en zoologie, n'est donc pas illimité ; il s'étend, au
contraire, sans limites en sociologie ». Après la sélection, c'est
une autre donnée biologique, la race, qui est « le facteur fondamental de l'histoire ». A côté de la race, qui en est « l'élément essentiel et parfois suffisant », les facteurs histori-
ques » ne sont souvent que des contingences. Non seulement
l'évolution générale de la société, mais « les fluctuations
mêmes de la politique interne », ne sont pas sans être sou-
mises « à celles de la composition anthropologique des peuples » (1).

Avec M. *Daniel Folkmar* la confusion entre la réalité sociale et la réalité biologique est poussée si loin qu'il a pu dire
que la fin morale c'est la *surcivance* et que « les fonctions essentielles de la biologie, la nutrition en tête, sont les plus importantes au point de vue moral ». L'ordre réel des choses se présente chez lui tellement interverti, qu'il va jusqu'à dire que
« la coopération et la sociabilité ont une valeur morale secondaire ». Autant vaut dire que la solidarité morale est une loi
physique et que la pesanteur est le premier postulat de la
morale.

Et pourquoi n'en serait-il pas ainsi, puisque « les lois de la
sociologie ne sont que des applications spéciales des lois déjà
rencontrées en physique et en biologie » ? L'auteur en conclut
que « dans un système de sociologie, basé sur l'anthropologie,
toutes les activités sociales seront expliquées par le caractère
fondamental des besoins biologiques qu'elles satisfont » (2).

Le fond intime, le postulat commun de ces théories a été
résumé par M. *Bouglé*, dans ces quelques mots : « c'est l'idée

(1) *Les sélections sociales* 1896, p. 489, 2, 68, 69, 74.
(2) *L'Anthropologie philosophique*, Paris, 1894, p. 45, 42, 122.

qu'un certain ensemble de caractères matériels produit fatalement et comme mécaniquement un certain nombre de caractères spirituels » (1).

C'est la superstition matérialiste du *génie* considéré comme une qualité mystérieuse, innée.

Avant d'examiner si cette conception exprime la vérité objective, ce qui n'est pas une des tâches les plus faciles, voyons si ces vues sont aussi celles de tous les sociologues, ou tout au moins celles de tous les biologistes, hypothèse plus facile. Or, voici comment M. *Loria* apprécie cette conception, en se rapportant spécialement au livre de M. Ammon, que nous venons de citer. « Ce livre, dit-il, peut être considéré comme une *reductio ad absurdum* de la méthode biologique en sociologie. » Ou bien il dira que « le livre de M. Ammon avec ses erreurs, ses paradoxes et ses absurdités dans les conclusions pratiques où il conduit, constitue la preuve directe d'une tendance scientifique erronée, qui prétend faire de la science sociale un appendice de la biologie. »

En général, ce qu'il faut remarquer c'est que les sociologues se rallient d'autant plus à cette conception, qu'ils connaissent moins à fond et le côté biologique et le côté social des questions. Ainsi, quant à M. Ammon, pour nous en tenir aux démonstrations de M. Loria, on nous donne la preuve que « ses interprétations des théories biologiques montrent qu'il n'a pas eu la chance de les comprendre ». Et, de plus, en ce qui concerne sa compétence « sur le terrain social de l'économie politique », on nous apprend qu' « aucun économiste ne se serait aventuré à écrire sur la biologie, avec la même ignorance des lois biologiques que celle de M. Ammon à l'égard des lois économiques, lorsqu'il se laisse aller à des théories sur la sociologie » (2). De même M. *Manouvrier*, bien connu par ses études anthropologiques, est loin d'admettre, avec les autres anthropologistes, l'applicabilité des données de l'anthropologie à la sociologie.

(1) *La Banqueroute de la Philosophie des races*, Revue socialiste, 1899. p. 387.
(2) *Social Anthropology*. American Anthropologies, 1899. p. 206, 201, 202.

Pour lui, au contraire, l'anthroposociologie est « une sociologie fantaisiste, imbue de préjugés » (1).

Les biologistes, même les plus autorisés, à très peu d'exceptions près, en diront autant. Nous n'avons qu'à citer les opinions de *Wallace* et *Huxley*, qui doivent posséder un sentiment bien profond de la réalité du déterminisme biologique et, par conséquent, de ses limites.

La *justice*, comme loi morale, qui pour Herbert Spencer et Ammon est l'instrument ou la conséquence de la sélection naturelle, est, pour Wallace, « incompatible avec la loi du plus fort, base essentielle de la loi naturelle. » D'après Wallace, l'homme civilisé ne peut plus s'expliquer par la sélection naturelle, car une « force, autre que la loi de la survivance des plus aptes, a dû entrer en jeu, pour faire sortir l'homme du type animal inférieur » et quant au « développement du sens moral et de la conscience nous ne pouvons pas davantage l'expliquer par la sélection naturelle ». En effet chez Wallace la réalité du déterminisme social se trouve exprimée dans des termes aussi nets qu'il serait à désirer, et à plusieurs reprises : « Au delà de la loi de la sélection naturelle, il en existe une autre ». Et la preuve que « les lois, qui régissent dans le monde matériel, ont été insuffisantes à produire l'homme » (2), il la trouve dans le fait que « nombre des facultés, qui chez les sauvages n'existent pas du tout, sont totalement incompatibles avec toute action de la loi de la sélection, et les faits nous forcent à reconnaître pour elles une origine absolument distincte » (3).

Wallace finit son livre sur le Darwinisme par cette conclusion : « La théorie darwinienne nous montre comment le corps de l'homme peut dériver d'une forme animale inférieure, par la loi de la sélection naturelle, mais elle ne nous apprend pas aussi que nous possédons les facultés intellectuelles et morales, qui doivent avoir une autre origine et à cette origine nous ne pouvons trouver de cause immédiate, adéquate, que dans l'univers invisible de l'esprit (4). »

(1) *L'indice céphalique et la pseudo-sociologie*. Revue d'Anthrop., 1896, p. 246.
(2) *La Sélection naturelle*, Paris, 1891, p. 369, 375, 376, 379.
(3) *Le Darwinisme*, trad. fr., Paris. 1891, p. 646, 647.
(4) *Le Darwinisme*, p. 653.

Il y a là un acte de protestation contre les empiètements de
l'anthropologie et de la biologie sur le terrain de la morale qui
nous dispense de beaucoup de commentaires. Nous remarquons
seulement — et nous pensons le rendre acceptable par la
suite — que cette « autre loi nouvelle et à découvrir », qui est
« au delà de la loi de la sélection naturelle », n'est ni nouvelle
ni à découvrir car c'est le déterminisme social qui proteste, lui
aussi, contre les empiètements de la sélection naturelle. Nous
verrons peut-être que cet « univers invisible de l'esprit » qu'on
postule, est bien réel et bien visible, et qu'il s'agit seulement
de le mettre au point. Qui pourrait nous contester que cet univers de l'esprit est le règne social, l'ordre moral ? Wallace a
d'ailleurs bien saisi la dualité du biologique et du social qui
subsistent dans l'homme, et l'indépendance du social à l'égard
du matériel, car « entre l'homme sauvage et l'homme civilisé,
dit-il, la différence de nourriture, de vêtements, de mœurs, etc.,
est énorme. En revanche il n'y en a aucune dans la forme et
dans la structure du corps si ce n'est une légère augmentation
dans le volume du cerveau » (1).

Cette faible différence physiologique qu'il y a entre eux, ne
saurait être la cause d'une telle disproportion au point de vue
mental et moral. Enfin, Wallace a si bien entrevu la différence
et l'opposition qu'il y a entre les deux déterminismes, qu'il a
pu la rendre dans cette formule que nous croyons définitive :
« Les facultés spéciales de l'homme indiquent quelque chose...
que nous pouvons mieux décrire comme étant d'une essence
ou d'une nature spirituelle... avec l'hypothèse de cette nature
spirituelle, surajoutée à la nature animale, nous sommes à
même de comprendre beaucoup de l'énorme influence des
idées (2). » Ces affirmations sont, par elles-mêmes, extrêmement probantes, parce qu'elles viennent de la part d'un biolo-
gistre très compétent.

Huxley, un autre naturaliste anglais, des plus autorisés,
viendra nous confirmer, par des preuves autrement évidentes,
cette réalité du terminisme social et la fausseté de la socio-

(1) *Sélection naturelle*, p. 380.
(2) *Darwinisme*, p. 647.

logie biologiste et naturaliste. Il appuiera de son autorité,
plus scientifique encore, les conclusions de Wallace. Il fera la
lumineuse comparaison de la société avec le jardin cultivé,
environné par des contrées sauvages et partant comparables
au monde biologique. Or, « l'état de nature des alentours d'un
jardin est hostile à l'état d'art de ce jardin ; les principes du
processus horticulteur, par lesquels ce jardin est créé et main-
tenu, sont opposés à ceux du processus cosmique. » C'est dire
exactement le contraire de ce que nous disait M. Ammon, pour
qui l'homme moral et la société sont acquis et maintenus par
ce processus naturel ou cosmique. Huxley veut bien préciser
que « la loi caractéristique du processus biologique », c'est
« l'incessante compétition dans la lutte pour l'existence », mais
que la loi de la société est toutefois « l'élimination, la trêve de
cette lutte par la suppression des causes qui lui donnent naissance ». Sans doute, cette lutte prend fin, parce que l'homme
avec le progrès de la civilisation « devient de plus en plus
indépendant de l'état de nature, et parce que sa vie est de plus
en plus conditionnée par l'état d'art, par la sélection dirigée
vers un idéal » (1).

M. Bouglé, dans un article sur la *sociologie biologique et
le régime des castes*, dit à peu près la même chose que
Huxley. « Ce sont (les sociétés) des organismes, dit-il, capables
d'idéal et cet idéal pourrait intervenir jusque dans la concurrence vitale (2). » De même, telle est encore l'une des conclusions
de M. *Lester F. Ward*, « la civilisation, dit-il, est exclusivement *artificielle* » (3). Nous trouvons encore cette conception
de la société chez M. *Wagner*, le très connu économiste alle-
mand, qui considère la société comme « un produit de l'activité consciente de l'humanité, comme un produit *artificiel* ».
Il distingue, en même temps et d'une façon bien nette, le dualisme qui nous préoccupe, car la société, produit conscient et
artificiel, est aussi « un produit naturel... à un certain point
de vue, comme le peuple lui-même... car, comme le peuple,

(1) *Evolution and Ethics*. London, Macmillan, 1894. p. 12. 13. 19.
(2) « La Grande revue », 1901, p. 370.
(3) *Outlines of Sociology*. London. Macmillan, 1898. p. 85.

elle doit sa durée, son existence, à des penchants naturels de l'homme, comme l'instinct de conservation et l'instinct sexuel » (1).

Il devient aussi évident que l'homme passe du terrain de la nature dans le domaine de l'art et de l'idéal, qui en est l'opposé et le dominateur en même temps, puisque l'idéal dirige le réel. Comment est-il parvenu à cela ?

M. Ward est précis sur ce point : « L'homme, qui arrive à connaître les lois rigides de la nature, devient, par cela même, le maître de sa destinée ; il peut contrôler les lois qu'il connaît, et en ce cas son pouvoir sur la nature est illimité (2). » S'il en est ainsi, on comprendra facilement pourquoi l'homme et la société deviennent indépendants et s'élèvent au-dessus de la nature pour la dominer, au lieu qu'ils soient dominés par les lois de la nature.

Constatons tout de suite que pas tous les biologistes sont de l'opinion de Spencer, Lapouge, etc. Il y en a, et encore des plus autorisés, qui, loin de transposer les lois naturelles sur le domaine de la société, démontrent, jusqu'à l'évidence, la place supérieure et dominante que tient la réalité sociale dans la nature. Dès à présent même nous saisissons les traits essentiels du déterminisme social qui, de ce que nous venons d'apprendre, paraissent être à peu près les suivants : *l'artificiel, l'idéal, le conscient, la justice*, comme opposés à la *sélection naturelle, au mécanisme, à l'instinctif.*

Reste à savoir maintenant si tous les sociologues partagent l'opinion de MM. Spencer, Novicow, Ammon. Sont-ils tous d'accord à reconnaître que les lois naturelles, et plus spécialement les lois biologiques, trouvent leur application dans la société ? Voilà ce que nous allons examiner, dans l'espoir que nous parviendrons, par cela même, à préciser davantage la *physionomie* du déterminisme social. « L'homme, nous dit M. L. F. Ward, ne nous apparaît pas, comme à Aristote, un être sociable par nature », mais par « l'art », par « réflexion ».

(1) Cité par Durkheim, Revue philosophique, 1887 (II), p. 48.
(2) *Outlines of sociology*, p. 25-26.

En effet, il n'y a que « l'association animale qui est instinctive et naturelle », tandis que « l'association humaine est essentiellement rationnelle et artificielle ». Il en est ainsi, parce que l'homme, de par sa nature, est antisocial, et à cause de cela « l'objet, le rôle du gouvernement, c'est de protéger la société contre ses tendances antisociales ». Que l'on ne nous oppose pas les fortes tendances sociales qu'il présente, puisque « ce sont les produits des époques de contrainte... car l'éducation universelle, les lois et les habitudes, que les siècles ont accumulées, ont pu transformer le caractère humain dans une mesure assez large, pour que l'habitude devînt, à la fin, une *seconde nature* et accomplît les mêmes effets que la sélection naturelle ». On comprendra ainsi facilement que « le gouvernement humain est un art possible seulement chez les êtres raisonnables » et qu'il doit être considéré comme « une *seconde nature* organisée au rebours de la première » (1).

Nous commençons déjà à saisir le sens complet de notre problème, car il est maintenant visible que la nature première est, dans notre sujet, le monde biologique avec ses lois, et que la réalité du monde social s'identifie avec cette *seconde nature*, qui apparaît, en effet, comme antagoniste de la première. C'est la réalité de cette seconde nature que nous voulons revendiquer au profit du déterminisme social. Elle s'identifie tantôt avec la raison, tantôt avec l'habitude, ce qui tient à prouver que la raison est un commencement d'habitude et l'habitude une ancienne raison. Mais, qu'elle s'identifie avec la raison ou avec l'habitude, toujours est-il qu'elle nous apparaît en opposition avec la loi naturelle de la première nature, avec la sélection naturelle et les instincts. A cet égard voici ce que nous apprenons du naturaliste Huxley, « *Loi* et *morale* ce sont des freins imposés à la lutte pour l'existence des hommes en société, car le processus moral (social) est en opposition avec le principe du processus cosmique et *tend à supprimer les qualités les plus propres à assurer le succès dans cette lutte* (2). » Et M. Tarde qu'en dit-il ? « Le darwinisme, à son

(1) *Outlines of sociology*, p. 89, 90, 91, 92.
(2) *Evolution and Ethics.*

avis, si on essaie de l'appliquer, *mutatis mutandis*, à la
science sociale, conduit à des résultats inacceptables contredits
par tout ce que nous savons (1) ».

C'est cette même opposition qui a été saisie encore plus
objectivement par M. *Vaccaro*, comme nous allons le voir.
« Du jour où ses facultés intellectuelles et morales ont atteint
leur développement suffisant, l'homme, dit M. Vaccaro, a cessé
d'être soumis à l'influence de la sélection naturelle du monde
externe. » Et il nous présente cette opposition, d'une façon
très palpable, dans ces termes : « Chez les animaux, la sélection
s'inscrit dans l'organisme qu'elle adapte au milieu, chez
l'homme elle exerce son action sur les facultés intellectuelles,
et elle s'inscrit dans le milieu extérieur. » « Entre ces deux sélections il y a une notable différence (2). »

Cette différence, nous la tenons dans ce fait que l'homme
dispose du milieu où il vit, agit sur lui en le transformant et
en l'adaptant à soi, en même temps que lui-même se transforme moralement et intellectuellement, tandis que l'animal
est forcé de s'adapter au milieu qu'il subit et de ne se transformer que physiquement.

Cette transformation, purement physique, crée chez lui les
instincts. En effet, chez l'homme, l'instinct a ceci de particulier :
il ne se manifeste et ne s'inscrit pas dans sa constitution physiologique, mais dans le milieu externe ; il n'est pas physiologique. Chez l'homme, le succédané des instincts c'est « la
faculté de se vêtir et de faire des armes et des outils » (3), qui,
loin de s'inscrire héréditairement dans sa constitution, sont
comme une garantie contre toute transformation physiologique
subie de la part du milieu. Pour dire le mot exact, les arts sont
pour les hommes ce que les instincts sont pour les animaux.
Ce rapprochement, opposition à la fois, entre ces deux catégories de faits a été relevé clairement par M. *Espinas*. « Dans
l'art de l'homme, dit-il, comme dans l'instinct de l'animal, il y
a là deux caractères dominants... l'instinct est une forme d'ac-

(1) *Darwinisme naturel et Darwinisme social*, Rev. phil., 1885 (I),
p. 634-635.
(2) *Les bases sociales du droit et de la morale*, Paris, 1898, p. 55, 61.
(3) Wallace, *Sélection naturelle*, p. 331, 332.

tion transmise par l'hérédité avec l'organisme... inversement, l'art est le produit de l'expérience et de la réflexion... » M. Espinas va plus loin encore, jusqu'à nous dire que « chaque groupe social n'est pas moins caractérisé par ses arts que chaque espèce par ses instincts » (1).

Il faut donc bien retenir ceci : *l'art, produit de la réflexion, caractérise le social, tandis que l'instinct, produit de l'hérédité, caractérise le biologique.* Pour anticiper un peu sur ce que nous devons voir dans la suite, nous pouvons dire que l'homme a des instincts, qui sont en dehors de lui, matérialisés — pour ainsi dire — dans le milieu social, sous la forme des arts, des lois morales et politiques.

Cependant, en tant qu'il possède encore des instincts proprement dits, l'homme continue à obéir à la loi de la sélection naturelle, et ces instincts trahissent leur caractère par cela même qu'ils sont en conflit avec cette seconde nature, qui est la réalité sociale du moral.

C'est ce qui fait que « les exigences sociales » doivent limiter les instincts, « exigences individuelles », et tâcher « d'humaniser, malgré la nature, jusqu'aux nécessités de la sélection ». Les plus aptes « dans le règne social sont peut-être les meilleurs dans le sens humain (moral) du mot, ceux qui ont su *vaincre* en eux la nature pour y faire triompher l'humanité ». C'est dire par là que « la société fait un effort paradoxal pour se dérober aux conditions qui s'imposent aux organismes » (2). L'antagonisme entre le moral et l'organisme y est évident. Cette même opposition a été entrevue et exprimée comme il suit par M. *Baldwin* : « « L'influence des lois biologiques, dit-il, subsiste pendant toute la durée de la vie humaine, mais elles sont parfois en contradiction avec d'autres lois (3) ». Mais celui qui a eu l'idée la plus nette de cette incompatibilité entre la nature morale du déterminisme social et le déterminisme biologique, c'est M. *Wundt*. Il a été un des premiers qui ont insisté sur l'impossibilité de déduire de la loi de la sélection naturelle les

(1) Espinas, *Les origines de la technologie*, Paris, Alcan, 1808, p. 5, 6, 7.
(2) Bouglé, *La sociologie biologique et le régime des castes*, Revue philosophique, 1891, (II), p. 850, 851.
(3) *L'Interprétation sociale...*, Paris, Giard, 1890, p. 443.

lois morales, « car la morale a pour rôle de l'adoucir et de la régler, loin qu'elle en dérive » (1).

Tout aussi pénétré de la réalité du déterminisme social, en France, est M. *Durkheim*, car c'est lui qui a eu le sentiment le plus vif que l'explication des faits sociaux ne doit pas être cherchée dans « les états de la conscience individuelle », mais « dans la constitution du milieu social interne ». Aussi met-il en évidence la différence entre la constitution sociale et celle de l'individu biologique, en faisant de la première le siège du déterminisme social et de la dernière le siège du déterminisme organique. Par cela même, la différence entre ces deux déterminismes devient aussi nette qu'on pourrait le désirer. Le phénomène social « ne saurait plus se confondre avec le phénomène organique » (2). A la théorie de ceux qui « déduisent la société de l'individu », il oppose la théorie qui « déduit la vie individuelle de la vie sociale ». Chez M. Durkheim, la dualité et l'opposition de ces deux déterminismes apparaissent sous la forme de dualité entre société et individu. Mais il faut remarquer qu'il s'agit ici de l'individu biologique, car pour l'individu transformé par la société une pareille opposition n'est plus concevable, nous verrons plus tard pourquoi. L'opposition entre les deux déterminismes, sous la forme nette que nous poursuivons, se trouve plusieurs fois affirmée, quoique accidentellement, dans des termes très précis. « L'homme, dit M. Durkheim, se trouve ainsi placé sous l'empire des causes *sui generis*, dont la part relative dans la constitution de la nature humaine devient toujours plus considérable. » Sous l'action de ces causes « une vie nouvelle, *sui generis* elle aussi, se surajoute à celle du corps », et ces causes sont les « causes sociales » qui, dans les sociétés supérieures, « se substituent aux causes organiques » (3).

D'accord avec ces affirmations au sujet de la distinction très lumineuse entre les deux déterminismes, M. Durkheim nous apprend encore que « l'élément essentiel de la vie morale »

(1) Cité par M. Durkheim, Revue philosophique, 1887, p. 127.
(2) *Règles de la méthode...*, Paris, Alcan, 1895, p. 135, 138, 8.
(3) *Division du travail social*, Paris, Alcan, 1893, p. 309, 310, 385.

c'est précisément « l'influence modératrice que la société exerce
sur ses membres et qui *tempère* et *neutralise* l'action brutale
de la lutte pour la vie et de la sélection », C'est tout ce qu'on
pourrait dire de plus net sur ce sujet, car, comme on le voit,
on nous accorde les deux points capitaux : la distinction essentielle entre les deux sciences, la sociologie et la biologie, et puis le
fait le plus important, à savoir que les lois biologiques cessent
d'être applicables dans la morale, et cela d'autant plus évidemment que les lois morales sont la *neutralisation* des lois
biologiques. En effet, il ne peut pas en être autrement pour celui
qui admet, comme le fait M. Durkheim, que la domination de
l'homme social sur la nature se mesure au « renversement de
l'ordre de la nature » et que « la *tâche des sociétés* les plus
avancées » n'est pas la réalisation des lois naturelles mais que
c'est « une œuvre de justice (1) ». Bref, pour M. Durkheim
« la vie psychique n'est pas une efflorescence de la vie physique ».
— M. Izoulet (2) a soutenu la même thèse à la suite de M.
Durkheim. — Mais si le psychique ne dérive pas « de la constitution
des tissus » .; peut dériver « des propriétés du milieu social »,
nous a dit l'auteur des *Règles de la méthode*. Ainsi il reste
établi que le psychique ou le spirituel « fait partie du règne
social ». On peut donc concevoir la nature du déterminisme
social comme étant psychique ou spirituelle dans le sens nouveau d'une *spiritualité expérimentale*. Nous avons déjà
rencontré cette conception chez Wallace et voilà pourquoi
avions-nous dit dès le commencement même que la sociologie
doit reprendre et résoudre, tout au moins traiter scientifique-
ment, le problème métaphysique de la dualité physique et
spirituelle de l'homme.

M. Durkheim dira par exemple que dans l'enchaînement des
faits sociaux « la réflexion intervient pour en diriger le cours ».
De même il nous dit que « la réflexion peut produire des résultats analogues à ceux du processus naturel »; il nous dit même
que sa « conception mécaniste de la société n'exclut pas
l'idéal » (1). Donc la force de l'idéal et de la réflexion sont des

(1) *La Division du travail social*, p. 215, 434.
(2) *La cité moderne*, Alcan, Paris, 1893, passim.

— 23 —

forces sociales et, à vrai dire, les plus proprement sociales.

Or, la conception de M. Durkheim envisagée sous cette forme nous conduit directement à la conception, de M. *Renouvier* (2) et M. *Henry Michel* de ce que nous appelons ici le déterminisme social. En effet ce dernier sera d'avis que « les idées élaborées par la conscience et la raison de l'homme peuvent influer les faits et en déterminer le cours » (3). Quoique se plaçant à un point de vue différent, il arrive parfaitement à la même conclusion que M. Durkheim et quelques autres sociologues, MM. Ward et Vaccaro par exemple. Il nous semble même que M. Michel doit compter parmi les premiers qui ont eu l'idée nette et donné la formule heureuse de ce qu'il y a de réfléchi dans le déterminisme social, tel qu'il se dégage réellement des diverses conceptions examinées ici. C'est lui, en effet, qui croit que « du jour où la méditation consciente s'empare des idées, elle leur fait subir une élaboration, qui les transforme et le *dénature* ».

Cette dénaturation est, au fond l'expression de la différence ou de l'opposition des deux natures, dont nous parlons plus haut : 1re et 2me natures, ou des deux déterminismes : social et physiologique. « Les idées, nous dit-on, se vident de leur contenu antérieur physique pour recevoir et loger l'apport de la conscience morale et de la raison. » La conception de M. Michel rentre si bien dans l'ordre des conceptions présentées ici, qu'elle les résume presque toutes, dans leurs diverses formes, car nous y trouvons encore ce qui suit : « L'idée parvenue à ce stade (moral) devient en effet doctrine, c'est-à-dire la formulation précise d'un *idéal* auquel l'homme travaille à asservir le réel. » Ne rencontrons-nous pas dans la conception de M. Michel tout ce que nous avons trouvé notamment chez Huxley, chez Durkheim, etc., à savoir cette idée que le domaine social est le domaine de l'idéal, de l'art en quelque sorte, autant que celui de la raison et de la justice, qui sont le renversement de la nature ou tout au moins la neutralisation des lois naturelles ? La différence entre l'*organique* et le *social* a été perçue aussi par

(1) *La division du travail social*, p. 380, 388, 379, 380.
(2) *La science de la morale*, passim.
(3) Leçon d'ouverture... 1 broch., 1896, p. 11.

M. Tarde, sous la forme d'une opposition. « Le progrès (social), dit-il, s'opère dans le sens d'une *désorganisation* (1). »

Remarquons encore de suite une autre forme sous laquelle cette dualité que nous cherchons à mettre au point, se présente chez M. Michel. En passant de l'ordre strictement naturel à l'ordre social ou bien moral si l'on veut, « on quitte le domaine du spontané pour entrer dans celui de l'intentionnel » qui est « ce qu'il y a de plus voulu dans les sociétés humaines, (2) » nous dirons aussi de plus social. Nous devons rattacher cette conception à celle de *Ihering* qui distingue la causalité psychique de la causalité proprement dite ; en d'autres termes « la causalité du but » (3) de la causalité mécanique, en ce sens que le processus interne de la formation de la volonté n'appartient pas à la causalité mécanique attendu que « son fondement c'est le but », nous pourrions dire l'intention.

Or, « la loi naturelle, dit Ihering, est en opposition avec la loi du but, qui la remplace dans le domaine de la volonté ». D'après Ihering, la « volonté humaine n'obéit qu'à la loi du but ». Et, ce qui plus est, « tandis que la nature n'a pas de prise sur la volonté, celle-ci a prise sur la nature qui doit lui être soumise ». Ainsi, avec la volonté, « une force nouvelle rentre dans le domaine de la nature... la volonté humaine marque les limites de l'empire de la nature (4). » L'intention est donc un caractère particulier qui s'ajoute pour différencier le déterminisme social et pour le faire apparaître comme opposé au déterminisme naturel biologique, dont le trait essentiel est la spontanéité mécanique.

Jusqu'ici, nous sommes déjà clairs sur la question de savoir si les lois sociales et morales sont des lois naturelles, si elles sont ou ne sont pas indépendantes des lois qui régissent le reste de la nature. Mais nous voulons pousser encore plus loin nos recherches et l'analyse des conceptions sociologiques qui présentent une autorité plus notable, et plus spécialement nous

(1) *La logique sociale*, Paris, Alcan, 1898, p. 183.
(2) Leçon d'ouverture, p. 13, 14.
(3) Ihering, *Zweck im Recht*. I, Leipzig, 1893, p. 4.
(4) *Zweck im Recht*. I, p. 11, 22, 24 ; De Roberty. *Constitution de la morale*, 1900, Paris, Alcan, 78 et 97.

nous arrêterons encore sur les conceptions qui ont saisi plus ou moins clairement la dualité et l'opposition des deux déterminismes. Telles nous paraissent se présenter les conceptions de MM. de Roberty, de Greef, Giddings.

Pour M. *de Roberty*, les lois sociales ne sauraient se confondre avec les lois biologiques, car « l'évolution sociale ne peut pas être confondue avec l'évolution biologique » (1). La réalité sociale chez lui « ne saurait être déduite des conditions biologiques », car il proclame hautement, avec et *avant* M. Durkheim, « qu'il faut de toute nécessité chercher les conditions essentielles de l'évolution sociale dans les phénomènes sociaux eux-mêmes, au moyen d'une observation directe ». Mais nous trouvons dans la sociologie de M. de Roberty une idée qui est encore plus fondamentale et sur laquelle nous reviendrons plus tard, à savoir que « la condition essentielle qui différencie les phénomènes sociaux des phénomènes biologiques » et qui « seule présente indéniablement », à son avis, un caractère spécifique, c'est « l'influence graduelle et continue des générations humaines les unes sur les autres ». Il est vrai qu'il emprunte cette distinction à Comte, qui l'a exprimée sous cette forme même et qui la considérait comme « le phénomène principal de la sociologie, celui qui établit avec la plus haute évidence son originalité scientifique » (2). Quant à l'application à la sociologie du déterminisme des lois biologiques, M. Roberty estime avec Littré, qu'il cite, que la sélection n'est pas une loi sociale. « Le procédé biologique, dit-il, consiste, comme on sait, dans la sélection... mais sans compter que pour l'espèce humaine il n'y avait point d'éleveur qui fît la sélection... cette sélection, même si on la supposait, que donnerait-elle?... Rien de ce qui fait l'évolution. Le procédé sociologique, justement parce qu'il n'est pas biologique, n'a rien de commun avec la sélection (3). »

Dans la sociologie de M. *de Greef*, nous trouvons les mêmes idées presque aussi nettement exprimées. « Si la biologie et la

(1) *La Sociologie*, Paris, Alcan, 3ᵉ édit., p. 158.
(2)   Id.   p. 161, 165, 166.
(3) *De la condition essentielle*, Revue positiviste, t. II. p. 187, 207.

psychologie peuvent expliquer, à elles seules, les phénomènes sociaux, la constitution de la sociologie en science particulière, est une superfétation ; la légitimité de cette dernière ne peut résulter que de la reconnaissance d'un ordre de phénomène *sui generis*. » Il existe plus d'une analogie entre la pensée de M. de Greef et celle de M. Durkheim. « Si les mœurs et la morale, nous dit le premier, étaient exclusivement biologiques et psychologiques, produit de la vie individuelle..., elles seraient exclusivement déterminées par la constitution physiologique (1). » Ce qui n'est pas du tout admissible, car « la morale sociale est aussi le produit de l'organisation collective ». Par conséquent, la morale sociale est un phénomène « en partie *sui generis*, dont les lois forment l'objet d'une science spéciale ». D'autre part, nous devons rapprocher M. de Greef de Huxley et de M. H. Michel, car, comme ces derniers, il reconnaît que l'ordre social c'est « l'ordre de l'idéal », puisque « l'idée d'usages, de mœurs et surtout l'idée morale », bien que dérivée « des habitudes déterminées primitivement par l'organisation physiologique de l'individu, « implique la notion d'un idéal perfectionné à atteindre ». Selon M. de Greef, comment expliquer « le grand phénomène social » qu'est « la justice », « si ce n'est par des lois spéciales » ? Pour lui aussi, ce qu'il y a de plus caractéristique dans la société c'est « le caractère intelligent des unités sociales ». En effet, « ce qui distingue essentiellement tout organisme social de tout organisme individuel, dit-il, c'est le concours mutuellement consenti, soit instinctivement, soit d'une manière raisonnée et méthodique. » De plus, il va jusqu'à dire que « plus ce consentement revêt les formes intelligentes et libres, c'est-à-dire plus il est raisonné et méthodique, plus la séparation de la sociologie d'avec les sciences antécédentes est tranchée ». Et il ajoute, ce qui est encore plus précieux à notre point de vue, à savoir que « si ce consentement dégénère et tombe vers les formes inférieures et simplistes de l'instinct de l'action réflexe » la sociologie tend à se confondre avec la « biologie » (2). C'est dire par là, avec M. Michel, que le social, c'est ce qu'il y a de raisonnable, de

(1) *Introduction à la Sociologie*, vol. I, 1886, p. 6, 10.
(2)　　　　—　　　　I, p. 8, 82, 81, 83, 130, 131, 132.

voulu, ce qui s'est « vidé du contenu physique » pour « loger »
la raison, le consentement.

Dans le même ordre d'idées, M. *Giddings* nous affirme que
« le processus volitif est absolument essentiel » pour la sociologie, si on l'abandonnait, « elle perdrait tous les droits à l'unité
des phénomènes sociaux » (1).

Pour M. Giddings, « le fait subjectif, original et élémentaire
dans la société est la *conscience de l'espèce*..., qui détermine
le contrat ou l'alliance... et répond à toute l'exigence sociologique ». « Les *choix* individuels et sociaux deviennent d'im-
portants facteurs de la causation sociale », dit encore M. Giddings, à la suite, il est vrai, de Ihering, car le but ou le choix
ce sont deux mots pour la même idée. Par cela même, il reconnaît « l'action délibérée de l'esprit social et rejette l'opinion de
ceux qui soutiennent que l'esprit social n'agit pas rationnelle-
ment ». Qui plus est, « l'idée sociale, d'abord simple perception, devient un idéal qu'on s'efforce à réaliser » (2), dit M. Giddings.

Il résulte de cette enquête que les sociologues partagent,
aussi peu que les naturalistes et les biologistes, les opinions de
MM. Spencer, Ammon, etc.

De ce que nous venons de voir il s'ensuit que partout, sous
toutes les formes et les formules, le déterminisme social apparaît comme une réalité bien précise, bien indépendante, voire
même en opposition avec la réalité biologique. Et puisqu'il en
est ainsi, on pourrait aller jusqu'à nous faire l'objection que
nous avons entrepris une tâche inutile étant donné que la spécificité du déterminisme social a été si bien et depuis si longtemps reconnue. Cependant, il ne faut pas s'y méprendre, toutes les conceptions que nous avons passées en revue ne sont
pas aussi tranchées dans l'ensemble de la pensée des auteurs
que nous les avons présentées. Leur confusion est telle que
citant d'autres textes, des mêmes auteurs, on aurait pu trouver
au moins autant de vues et d'idées sur la thèse opposée à la nô

(1) *Principes de sociologie*, Paris, Giard, 1897, p. 11.
(2)   Id.   p. 16, 18, 143, 234.

tre. Pour en faire la preuve détaillée, on pourrait allonger considérablement notre étude : contentons-nous de citer au hasard. Prenons un exemple chez M. de Greef.

Après nous avoir dit ce que nous avons déjà vu, il revient nous dire que « la nature de l'organisme social est déjà déterminée par celle des organismes individuels » (1). Et puis « c'est particulièrement dans la structure et le fonctionnement du système nerveux que nous devons chercher les bases et les conditions de la structure et du fonctionnement du système social ». Pour ce qui est du *consentement* voulu, raisonnable qu'il nous présentait d'abord comme étant le caractère essentiel du déterminisme social, voici ce qu'il nous en dit dans la suite : « Il serait anti-naturel que la vie sociale fût raisonnée, consciente et volontaire ; c'est le contraire qui est conforme à sa nature (2). » On conviendra qu'il s'en faut encore de beaucoup que nous soyons arrivés à cette conception nette de déterminisme social que nous réclamons. Ces revirements d'opinion sont de nature à dérouter les esprits. Comment veut-on considérer comme scientifiques ces essais si confus ?

D'autre part, M. Henry Michel nous accordera-t-il que la raison et la tendance de l'homme vers un idéal soit autre chose qu'une tendance innée, inhérente à la nature biologique même de l'homme ? De même, nous ne nous abusons pas sur la portée de l'idée mystique de Wallace, quand il nous parle d'un « univers spirituel » supérieur au monde de la sélection naturelle.

Cependant quoi qu'il en soit, et quels que soient les chemins par lesquels ces divers penseurs ont abouti à la conception plus ou moins claire de la spécificité du déterminisme social — que ce soit par l'étude historique des doctrines politiques, ou par la méthode objective de M. Durkheim, ou bien par une intuition supérieure à l'occasion de l'étude de la philosophie ou de la nature en général comme c'est le cas de Huxley et Wallace — toujours est-il qu'il en est ressorti plusieurs conceptions apparentées, convergentes. Notre tâche c'était de collectionner

(1) *Introduction à la sociologie*, I, p. 63, 90.
(2)   Id.   vol. II, Bruxelles, 1889, p. 442, 433

ces conceptions, de les dégager des contradictions et ténèbres qui les obscurcissent, de les comparer pour y voir clair.

Par ce rapprochement et au moyen de la comparaison qui en résulte, il se peut que les erreurs se neutralisent et s'éliminent d'elles-mêmes, de sorte que ce qu'il y en a de vrai, de profond reste et apparaisse dans une lumière plus favorable. C'est bien là tout ce que nous pouvons ambitionner. C'est pensons-nous la meilleure manière de venir en aide à une tendance profonde de la science sociale, par cela même obscure, qui est neuve encore.

Comme on devait s'y attendre, entre la conception du déterminisme social telle que nous la trouvons chez MM. Durkheim et Henry Michel, et la conception de MM. Herbert Spencer, Ammon, etc., il y a des degrés intermédiaires. Ces conceptions intermédiaires pourront nous servir à saisir d'une manière complète toute la réalité complexe des choses sociales. MM. Gumplowicz et Kidd peuvent être considérés comme les représentants types des opinions intermédiaires.

En effet, avec M. *Gumplowicz* on a l'impression que la sociologie se trouve dans une période vraiment héroïque. Il a bien vu, lui aussi, le dualisme de nature du déterminisme social et biologique, car il commence même par déplorer les erreurs « malheureusement commises » par les sciences sociales lorsqu'elles envisagent les divers peuples comme « se trouvant dans un état spontané de développement social analogue à celui de quelque organisme végétal ou animal » (1). Il existe, dit-il « un processus social distinct des autres processus naturels » (2), cependant le cours de ce processus « est déterminé par la constitution naturelle du genre humain » (3), dont la tendance naturelle est l'exploitation des divers peuples les uns par les autres ». De cette lutte tous les phénomènes sociaux doivent dériver. En d'autres termes « le processus social est la lutte entre classes et sociétés (4) et l'objet de cette lutte est la domination des classes et des sociétés » (5) les unes sur les autres.

(1) *Précis de sociologie*, trad. fr., Paris, Giard, 1896, p. 133.
(2) *Lutte des races*, trad. fr., Paris, Guillaumin, 1893, p. 157.
(3) *Précis de sociologie*, p. 135, *Lutte des races*, p. 159, 161, 165.
(4)   Id.   210. *Lutte des races*, p. 228, 230.
(5)   Id.   230. *Lutte des races*, p. 230, 238.

Après avoir commenc. par déplorer les erreurs de la conception spontanée et organique de la société, M. Gumplowicz n'en
finit pas moins par nous dire que « les actions des hordes,
des sociétés, des Etats sont régies par une loi naturelle et aveu-
gle ».

A un certain point de vue M. Gumplowicz peut être rapproché de M. Durkheim car il a comme ce dernier le sentiment bien
vif que « la grande erreur de la psychologie individualiste est
de placer dans l'individu la source du Penser ». C'est là une
erreur « car la source de sa pensée n'est pas en lui (dans l'individu) elle est dans l'atmosphère sociale où il respire ». Puis,
M. Gumplowicz définit la morale d'une façon si analogue à
celle de M. Durkheim qu'on pourrait s'y méprendre, « La morale, nous dit-il, n'est pas autre chose que la conviction incul-
quée par le groupe social à ses membres que le genre de vie
qu'il leur impose est celui qui leur est convenable. » La preuve
en est « la ténacité et la persistance du type moral » qui « sont
directement proportionnelles au degré de cohésion et à la solidarité de structure sociale » et cela parce que « la *provenance
corporelle*, ou l'origine *généalogique* n'est point le facteur
décisif » de cette ténacité du type moral.

Cependant M. Gumplowicz tout en libérant ainsi l'individu
de la fatalité biologique lui nie la liberté que la raison et la
réflexion lui procurent (1) en niant l'une et l'autre. De cette
sorte il anéantit la distinction fondamentale qu'il y a entre le
social et le naturel, car, d'après ce que nous avons vu plus
haut, c'est cette liberté, la volonté réfléchie, et l'idéal, qui constituent la force du déterminisme social, et sa réalité, en l'opposant au processus biologique dont la force est spontanée,
mécanique, inconsciente.

Arrivons maintenant à la sociologie de M. *Benjamin Kidd*.
On se trouve ici en présence d'une confusion encore plus difficile à éclaircir. Chez M. Kidd, comme chez tant d'autres, on
trouve l'aperception de l'opposition du social et du biologique,
mais cette opposition se renverse et se pervertit, elle consiste
dans l'opposition de l'intellect à une sorte d'instinct : la nature

(1) *Précis de sociologie*, p. 258, 274, 213, 280, 280.

sociale ; mais, à l'encontre de l'opinion commune sur ce point, l'auteur subordonne la raison à l'instinct et prétend que l'évolution sociale se fait dans le sens de cette subordination. Cependant il n'en constate pas moins que le progrès de la société et de la civilisation coïncide, au contraire, avec la subordination de l'instinct à la raison et il cite le cas de la France et de la Grèce antique. Surtout le cas de la dépopulation en France lui paraît extrêmement probant.

Dans la France intellectuelle » qui possède « quelque chose de ce noble sentiment de l'idéal et des proportions, qui était une des caractéristiques de l'esprit grec », « le taux d'accroissement de sa population a diminué ». L'important ce n'est pas la manière dont M. Kidd interprète le rapprochement de ces faits, mais c'est le rapprochement en lui-même qui est intéressant, car il met face à face deux déterminismes, l'un social, l'autre biologique, et prouve, par l'évidence, que — contre l'opinion de M. Kidd — c'est la raison qui a mis en échec l'instinct de la natalité, c'est le réfléchi, le volontaire, en un mot le social, qui a dominé et restreint le biologique : la propagation de l'espèce. Nous verrons dans la suite l'importance capitale de ce fait. Pour le moment nous devons savoir gré à M. Kidd de nous avoir démontré, d'une manière si frappante, qu'il ne peut pas y avoir une relation de dépendance entre « les dimensions de la boîte cranienne et le développement social », puisqu'il y a des peuples dont le cerveau est très développé mais dont l'état social est trop peu avancé. Il a, en effet, démontré avec force que notre intelligence n'est pas une qualité inhérente à notre nature physiologique individuelle « car elle n'est pas née avec nous », « elle est le résultat de l'héritage social » (1).

En réalité notre intelligence, en tant qu'inhérente à notre nature biologique, « n'est pas plus élevée que celle du *Damara* » qui ne peut « compter des carottes de tabac » qu'en les mettant « au bout de chacun de ses doigts ». La différence entre ce Damara et le civilisé consiste en ce que le premier « appartient à une race n'ayant ni puissance sociale ni histoire

---

(1) *L'évolution sociale*, traduction de l'anglais. Paris Guillaumin, 1896 pp. 236, 278, 248, 269, 272, 275, 276, 264, 261.

sociale » et non pas dans une différence de nature physiologique qu'il y aurait entre eux deux.

D'autre part, la dualité du vital et du social se retrouve envisagée chez M. Kidd comme chez M. Durkheim sous la forme d'opposition entre la société et l'individu.

Le déterminisme biologique s'incarne ici dans l'individu physique, et l'évolution sociale dépend précisément « de la subordination de l'intérêt individuel aux intérêts distincts et très différents de l'organisme social » qui « sont par nature essentiellement inconciliables ». Il y a là un aspect nouveau et précis de l'opposition entre les deux déterminismes. Mais ce qui est fâcheux c'est que l'auteur obscurcisse sa première distinction si nette en faisant de la raison le propre de l'individu et en identifiant la religion et l'instinct avec les intérêts de la société. M. Kidd est du petit nombre de ceux qui ont pensé opposer la raison à la société. Mais il n'en est rien, car ses raisonnements, cités avec insistance précédemment, neutralisent à eux seuls, cette erreur. Sans doute si la raison est un produit social, que l'individu « reçoit en héritage de la société », elle ne peut plus être le propre de l'individu, *elle s'identifierait alors à la réalité sociale plutôt que de lui être opposée.* Or c'est l'instinct animal qui s'oppose, par nature, et à la raison et à la société, et comme M. Ward nous l'a montré, l'opposition entre les intérêts de l'individu et les intérêts de la société, se réduit à l'opposition de la société gouvernée aux instincts naturels de l'homme qui sont anti-sociaux et que M. Kidd confond avec la raison. C'est que chez ce dernier comme chez M. Gumplowicz, ces contradictions ont une racine profonde dans sa conception sociologique. Pour lui, dans l'évolution sociale, « plus la sélection naturelle s'opère sur une large échelle, plus le progrès est grand ». La société civilisée ne fait qu'augmenter et étendre son efficacité comme cause de progrès, que la rendre plus violente que jamais (1). Non seulement la sélection naturelle est la cause du progrès mais une énorme quantité de faits sociaux « découlent de la prédominence continuelle de ce principe ».

(1) *L'évolution sociale.* p. 264, 265, 277, 18.

Mais si pour M. Ammon l'inégalité sociale des individus en est la conséquence, M. Kidd touche le comble de la contradiction en accordant au professeur Sidgwick que le résultat de ce principe « c'est l'égalité politique et économique » et « la réalisation de la justice politique » (1).

Voilà ce qui est de nature à justifier pleinement la défiance envers les prétentions scientifiques de la sociologie. Cependant il se peut, comme nous devons le voir dans ce qui suit, que cette confusion en partie corresponde beaucoup plus à la réalité actuelle que les théories les plus tranchées.

Arrêtons-nous à un fait précis et délimité pour illustrer d'une façon qui ne laisse plus de doute dans l'esprit, la réalité et la force du déterminisme social aux prises avec le déterminisme biologique, et par cela même la légitimité des deux dernières conceptions sociologiques confuses et anarchiques que nous venons d'examiner. Prenons le problème même soulevé par M. Kidd, à savoir la « dépopulation en France » et examinons-le d'un peu plus près, car ne semble-t-il pas très caractéristique au point de vue où nous sommes placés?

En effet, nous nous trouvons ici devant un conflit entre la loi fondamentale de le biologie, la propagation de l'espèce, avec la raison et la volonté, c'est-à-dire entre le déterminisme social et le déterminisme biologique.

Sans doute, dans les sociétés inférieures, l'instinct de propagation se donne libre carrière ; mais à mesure que les sociétés s'intellectualisent, pénétrées qu'elles sont par les lois éthiques et la raison, elles cessent d'être le champ exclusif des lois biologiques. Ici apparaît ce déterminisme nouveau dont l'approche contrecarre les lois biologiques, fait pencher les courbes graphiques de la vitalité des peuples, déroute enfin les mœurs et les usages. En un mot il trahit son apparition par ce fait qu'i tient en échec les lois biologiques ou tout au moins qu'il tend à les dominer et à les régulariser en les harmonisant à sa guise. Or, nous l'avons vu, le déterminisme éthico-social exige le remplacement de la sélection naturelle par la loi de la justice, et

____

(1) *Principles of western civilisation.* London, Macmillan, 1902, p. 64, 370-371.

cela n'est pas possible — Huxley nous l'a démontré — tant que la propagation naturelle de l'espèce n'est pas restreinte.

« Une des plus essentielles conditions, sinon la cause principale de la lutte pour l'existence, c'est la tendance à la multiplication sans limite que l'homme a en commun avec les animaux (1). » Sans doute, si le déterminisme éthico-social avait une existence effective et une efficacité hors de discussion, c'est ici qu'il la devrait mettre en lumière, c'est cette loi biologique centrale qu'il devrait contredire et dominer, ce qu'il a fait d'ailleurs, et c'est pour cela qu'il existe en France le problème de la dépopulation.

« La natalité française est la plus faible de l'Europe », constate M. *Dumont* (2), à la fin d'une étude comparative, où les statistiques ont été largement mises à contribution. « Elle diminue d'un tiers environ depuis 90 ans » dit-il. Cette diminution n'est pas due à des lois physiologiques comme le voudraient Spencer, Carey, etc., car M. Bouglé nous a montré — en confirmant les recherches de M. Dumont — qu'il y a des preuves criantes contre cette hypothèse (3). Ce dernier a pu dire après une longue étude des faits, que « l'abaissement de la natalité est l'effet de la volonté réfléchie ». En effet, ce ne sont pas des obstacles physiologiques qui s'opposent à la natalité mais « un obstacle voulu, social, moral, économique », « des conventions sociales du luxe, de la culture morale ». Il en est ainsi parce que de tout temps il en fut ainsi, dans « tous les états de civilisation il a existé des hommes et des femmes volontairement et délibérément inféconds, dans un but de prétendue supériorité morale, intellectuelle » (4). Cela se comprend facilement dans les classes sociales les plus cultivées « où le veto opposé par la volonté réfléchie, a plus de pouvoir relatif que l'instinct ». Sans doute, on se trouve justifié de conclure de ces faits que « dans un état social où tous les individus ont une culture intégrale il est inévitable que le penchant à la restriction ou à la

(1) *Ethics and evolution*, p. 205 et 209.
(2) *Natalité et démocratie*, Paris, 1898, p. 51, 67.
(3) *La Science contre la Démocratie. La Grande Revue*, 1901 (oct., déc.), p. 423.
(4) *Natalité et démocratie*, p. 80, 81, 93.

suppression de la fécondité... ait une invincible tendance à se généraliser ». En veut-on la preuve ?

On la trouve dans ce fait que dans le régime despotique des castes, dans l'ancienne Egypte, aux Indes, « la natalité augmente toujours » d'une autre manière que dans « la démocratie qui veut dire la participation de tous à la direction politique » (1).

Ainsi se vérifie dans la France actuelle la conception que Huxley s'était faite du processus éthico-social. « La volonté réfléchie », « la supériorité morale et intellectuelle », qui sont l'expression du déterminisme social, pénètrent l'instinct vital, le restreignent, le dissolvent ou le régularisent. Nous arrivons par là à concevoir la France comme ayant fait le pas le plus décisif dans la réalisation du déterminisme social et moral. Est-ce un avantage pour elle ? Est-ce une constatation réjouissante pour les hommes politiques français ? Pas le moins du monde, tant que le même progrès ne s'est pas réalisé au delà du Rhin et de la Manche, et ailleurs, car les effets de l'instinct déchaîné ailleurs peuvent étouffer les efforts conscients et réfléchis du peuple français. Voilà un cas où le progrès peut devenir un malheur, un cas de contradiction réelle dans la réalité effective et aussi flagrante que celles de M. Benjamin Kidd, et Tarde.

Quelques-uns des sociologues, qui se sont occupés de ce problème ont déjà signalé le conflit entre l'instinct de propagation et les conditions sociales. M. *Nitti*, par exemple, démontre, statistiques en mains, que le problème de la fécondité d'un peuple est étroitement lié aux conditions économiques dans lesquelles il vit, qu'il est même, de toute nécessité, réglé par ces conditions (2). M. Nitti conclut qu'il y a des « liens intimes entre la natalité et les formes sociales et économiques », que la natalité « tendra à s'équilibrer avec les subsistances quand une conscience sociale « imbue de l'idée de solidarité se substituera aux formes économiques actuelles » (3). La France dispose déjà dès maintenant de cette conscience sociale.

(1) *Natalité et démocratie*, p. 66. Vaccaro. *Les Bases sociales*, p. 444, 81, 164.
(2) *Population et système social*. Paris, Giard, 1897, p. 208, 210, 220.
(3) *La population et le système social*, 241.

Après avoir vu que les lois naturelles sont loin de satisfaire aux exigences du progrès social, et qu'elles ne peuvent pas être appliquées au monde social, qui a ses lois propres, non seulement distinctes, mais encore contraires aux lois naturelles et vitales ; après avoir vu le conflit de ces deux sortes de déterminismes, conflit qui est la meilleure preuve de leur réalité et de leur différence essentielle, voyons maintenant l'opposition de ces deux règnes — social et vital — envisagés d'un point de vue plus général.

Le raisonnable, le conscient, le réfléchi sont du côté du règne social ; le spontané, l'inconscient de l'autre côté. Comment ces deux règnes se comportent-ils l'un vis-à-vis de l'autre?

Pour *M. Lalande* le côté « moral et réfléchi dans l'homme », c'est justement le résultat de la « dissolution du processus vital qui est l'évolution ». Chez l'homme conscient « c'est la dissolution physiologique qui accompagne le développement considérable de la pensée réfléchie ». Ce qui conduit à constater que « l'affaiblissement vital accompagne souvent le progrès de l'esprit ». Comment n'en serait-il pas ainsi puisque le cerveau, les lobes frontaux qui paraissent être l'organe essentiel de l'intelligence et de la pensée réfléchie, sont le siège de l'action inhibitrice par laquelle l'action vitale est souvent ralentie ? En effet puisque le cerveau est un appareil inhibiteur, « il est bien naturel, nous dit M. Lalande — que l'organisme ne se porte jamais mieux que dans le cas d'atrophie de ce grand gêneur » (1). On nous dit encore qu'il y a « en l'homme un principe qui dépasse la nature et la réforme, et qui rend possible la substitution de la convergence morale qui réunit les hommes à la solidarité physiologique ». D'après M. Lalande, « la liberté consiste à secouer le joug de la nature, à détruire par une démarche propre à la raison l'œuvre de la nature... et de l'hérédité ».

La pensée, donc, la raison ou la réflexion, sont dans un antagonisme évident avec l'organique ; il paraît que la conscience est bien la négation du biologique, comme la dissolution est la négation de l'évolution et comme la liberté est la négation de la fatalité.

(1) *La dissolution*. Paris, Alcan. 1899, p. 148, 153, 155, 157, 140.

C'est encore là l'état du procès qui subsiste entre le vital et le social et qui a commencé avec la première apparition de la morale, avec les premières velléités de civilisation. C'est le débat légitime d'une nature première qui se voit empiétée par une *nature seconde*, voulant la dominer ou l'abolir. La religion et le gouvernement ont toujours été les armes offensives du déterminisme social. Nous avons vu ce que M. Ward nous a dit au sujet du gouvernement à ce point de vue.

MM. Lalande et Lapouge nous en disent autant au sujet de la religion. « La morale évangélique, nous dit le premier, présente un rigoureux caractère d'opposition à la nature et à l'instinct.» Cette morale est aussi « la plus énergique de toutes » dans « la destruction de l'égoïsme instinctif » (1).

« Le travail de l'Eglise a préparé les peuples à l'infécondité volontaire » (2), nous dit M. Vacher de Lapouge.

Et ce n'est que très tard que la raison tendra à prendre la place de la religion : c'est un jeune avocat, très adroit, qui entend à gagner le procès mieux que ses aînés.

Il est vrai aussi que la raison, comme tout avocat, surtout jeune, défend parfois la cause ennemie, et c'est peut-être là le motif qui a justifié M. Kidd de se méfier d'elle et de la mettre au second plan, quant à son efficacité au point de vue du progrès du déterminisme social. Ne voyons-nous pas cette même raison devenir le bouclier de l'instinct, du biologique pur, entre les mains d'un Nietzsche et d'un Max Stirner? La bête, qui est en nous, tient encore trop fort, et se réjouit considérablement à se voir défendre par des si vigoureux cavaliers de la pensée. C'est peut-être là le secret du succès qu'eurent les œuvres de ces deux philosophes, malgré la fausseté de leurs raisonnements, qui y est manifeste.

Quoi qu'il en soit, la réalité de l'antagonisme qui existe entre le social et le vital est trop manifeste dans la théorie, autant que dans les faits. Les travaux de psychologie expérimentale de *MM. Vaschide et Vurpas* sur la « Logique morbide » sont une dernière preuve et une preuve par les faits que nous vou-

(1) *L'opposition*, p. 227, 228, 183, 184.
(2) *Sélections sociales*, p. 191.

lons mettre à contribution. La conclusion, où l'examen systématique des faits a conduit ces deux savants, c'est que « les fouilles de l'activité mentale sont inutiles, souvent nuisibles au bon fonctionnement de l'organisme ». Aussi recommandent-ils aux pédagogues « d'avoir l'œil toujours ouvert sur les fouilles de l'analyse mentale » qui « arrivent à la longue à constituer de vrais délires » et « à déchaîner l'ouragan dans l'organisme humain ». En effet, les auteurs arrivent à ces conclusions, paradoxales en apparence, que les délires deviennent chroniques et systématiques chez les philosophes, qui souffrent du « délire systématique de l'introspection » ; chez les savants, qui souffrent du « délire systématique de l'extrospection » ; chez les poètes qui ne sont pas moins malades « d'un véritable délire métaphysique » (1). Nous pensons qu'il y a là comme une consécration expérimentale de ce qu'il y a de vrai dans la théorie de Lombroso sur l'homme de génie. Assurément *l'homme de génie doit être considéré comme le spécimen humain où le déterminisme social a fait le plus de progrès, au point même de tenir en échec le déterminisme biologique.* Donc, il est anormal au point de vue physiologique, mais il est très normal au point de vue social.

D'autre part les travaux de MM. Vaschide et Vurpas sont aussi la consécration de ce qu'il y a de vrai dans la philosophie de *Stirner* (2) et de *Nietzsche* (3), car on connaît assez le mépris que ces derniers affectent à l'égard des idées, de la science et de la morale. Ces deux penseurs ont été, en effet, les défenseurs inlassables du déterminisme biologique qui sous la forme d'instincts existe en nous et qui se trouve incommodé par la présence et le contrôle du déterminisme social : la religion, la morale, l'Etat, etc. Car c'est Nietzsche qui dira: « non » à tout ce qui diminue la vitalité de la plante humaine. Et si je découvre que la vérité, la vertu, le bien... sont nuisibles à la vie je dirai « non » à la science et à la morale. » M. *Boutroux* le dit très bien à cet égard : « l'homme dirige dans une certaine mesure

(1) *La logique morbide. L'analyse mentale*, I. Paris, Rudeval, 1908, p. 141, 254-257, 265-266.
(2) *L'unique et sa propriété*, édition, *Revue Blanche*.
(3) *Par delà du bien et du mal. Humain trop humain.*

l'animal qui soutient sa nature humaine » (1). Mais pour le diriger il doit le contenir et le diminuer en quelque sorte. L'animal qui est en nous est perverti et diminué par les freins de la pensée. Cela est si vrai que Rousseau l'avait déjà dit ; *l'homme qui pense est un animal dépravé*, et M. Lalande ajoute : « en tant qu'animal le penseur est un mauvais animal ».

Résumons maintenant dans quelques mots tous ces divers aspects de la dualité et l'opposition qu'il y a entre le vital et le social, telles qu'elles se sont présentées jusqu'ici. La réalité éthico-sociale non seulement n'est pas naturelle *stricto sensu*, mais sa nature est une « dénaturation » « un renversement » de l'ordre de la nature, ou plus exactement, c'est une *seconde nature*, réfléchie, raisonnable, et par conséquent une seconde nature *d'idéal, d'art, de raison* et *d'intention*, en opposition avec la nature biologique ou autre, qui est mécanique, spontanée, irraisonnable, irréfléchie, et qu'on peut résumer dans un seul mot : la nature organique de l'instinct.

Telle étant à l'intérieur de l'individu la nature de la réalité éthico-sociale, ses lois ne sont pas moins différentes des lois naturelles ; d'ailleurs il y a connexion étroite entre la nature sociale interne et les lois sociales extérieures. La loi éthico-sociale la plus incontestable qui régit les rapports *extérieurs* des individus, c'est la *justice*, et par suite l'*égalité* et la *solidarité* qui sont la négation même des lois naturelles : *la sélection, la concurrence, l'inégalité*. L'instinct entraîne la sélection et la lutte, tout comme la raison et l'idéal entraînent la solidarité et la justice, c'est-à-dire l'égalité. Le vrais ennemis, nous l'avons vu, ce sont l'instinct et la raison. « Avec l'affaiblissement de la sélection naturelle il se produit, dit Lloid Morgan, une diminution de la faculté (de l'instinct) de se reproduire. » (2) « Abandonnons — dit à ce sujet M. de Roberty — le puéril espoir des contemporains d'arriver à résoudre les problèmes sociaux en leur appliquant les lois de la nature ». (3)

Cependant la conception naturelle de la société n'est pas

(1) *L'Idée de loi naturelle*, p. 133.
(2) *Habit and Instinct*. London, Arnold, 1888, p. 356.
(3) *Psychisme social*. Paris, Alcan, 1897, p. 132.

encore si chimérique et la plupart du temps nous trouvons que
les débats entre les partisans du déterminisme social et ses
adversaires sont légitimes parce que ces débats existent en réalité entre la loi du plus fort et la justice, entre la conscience et
l'organique, entre la raison et l'instinct, seulement, comme dans
ce domaine, le réel dépend pour beaucoup de la théorie, la
marche de la réalité a trouvé comme un obstacle dans la théorie
qui veut que le passé asservisse l'avenir. A ce point de vue nous
avons distingué trois sortes de théories : 1° Celles de Spencer,
Novicow, Ammon, etc., qui nient le déterminisme social et lui
opposent le déterminisme biologique. Ces théories sont vala-
bles surtout pour le passé, car c'est surtout dans le passé de
l'humanité animale que les lois biologiques de la sélection, de
la lutte et de l'instinct, se sont donné libre carrière. Cette
conception est donc vraie pour une phase de la société à son
origine où elle était vraiment naturelle, c'est-à-dire biologique.
2° Les théories mixtes, parfaitement contradictoires et confuses, où le présent se réfléchit fidèlement avec l'instinct et la
rigidité organique encore trop forts, avec la raison encore trop
faible, avec la justice et l'égalité encore trop idéales. Elles sont
donc, par cela même, les seules vraies *pour le moment;*
mais seulement pour le moment de transition et de compromis, car rien ne prouve que dans l'avenir la lutte, l'instinct,
la concurrence, l'exploitation et la religion soient toujours sur
le premier plan, et aussi étendus que de nos jours, au point
que la raison et la justice soient tenues, elles, sur le second
plan, — nous avons eu plutôt des preuves du contraire. Les
théories-types de cette catégorie sont celles de MM. Gumplowicz et Kidd, auxquelles nous aurions pu ajouter l'organisme contractuel de M. Fouillée. Avec ces auteurs la conception
de la société devient bio-sociale, comme la société elle-même
de nos jours. 3° Les théories qui affirment le déterminisme
social, de la conscience, de l'idéal et de la justice, contre les
lois naturelles biologiques — quoique partiellement fausses
pour le présent et surtout pour le passé — ont tout l'avenir
pour elles, et sont les seules qui aideront l'avenir au lieu
de le nier. Huxley, Durkheim et Henry Michel à la suite de
Renouvier en sont les défenseurs. Donc, avec ces derniers,

la conception sociologique devient éthico-sociale, c'est-à-dire purement sociale. L'avenir doit concilier cet antagonisme de la nature avec la *seconde nature* éthico-sociale, point cependant par la négation inintelligente d'un des deux termes, au contraire par une délimitation et accommodation du biologique au social, de l'instinct à la raison. Autrement, tantôt la raison — le social — viendra dissoudre les instincts et l'harmonie biologique (d'où le malaise corporel), tantôt le biologique, trouvant des défenseurs de la vigueur combative d'un Nietzsche, jettera le discrédit sur le déterminisme éthico-social (de là l'immoralisme et le malaise social).

II

Epiphénomène et Phénomène.

Nous nous proposons ici de défendre une partie de la nature contre une partie des naturalistes qui la méconnaissent, afin de mener plus loin la distinction scientifique qui nous préoccupe. Nous avons affaire ici à une nouvelle forme, que la dualité du social et vital prend, cette fois, spécialement dans l'individu, et qui peut être saisie dans cette formule antithétique : *épiphénomène et phénomène*. Personne n'ignore que les naturalistes ont donné aux phénomènes de la conscience le titre mal intentionné d'épiphénomène. Les adversaires du déterminisme social se sont bien aperçus qu'il y a là un aspect nouveau de ce déterminisme et ils n'ont pas manqué d'y porter leurs coups.

Quelle est, en effet, l'attitude des physiologistes en face de ce déterminisme des actes de conscience? Comme on va le voir, quand ils ne peuvent pas contester la conscience, ils s'efforcent d'en contester toute réalité causale efficiente, et ils la réduisent à une pure illusion, pour laquelle ils ont trouvé le terme adéquat dans le mot d'épiphénomène. « Tout se passerait exactement de la même manière dans la nature si cette propriété de conscience était retirée à la matière (1). » Ou bien,

(1) Félix Le Dantec, *Le Déterminisme biologique*. Paris, Alcan, 1897, p. 156.

comme Maudsley l'a dit, il est absurde d'attribuer à la conscience une part active. Elle n'est chargée que « d'indiquer ce
qui se passe et non de produire des phénomènes », et on comprend bien que l'agent peut continuer « son activité en l'absence du témoin » (1). M. *Le Dantec* a dit aussi le mot sur la
réalité illusoire et mystique de la conscience, « elle doit être
considérée, dit-il, comme un simple témoin inactif ». Mais
quelle est la raison de ce témoin scandaleux et inutile ; à coup
sûr il n'a pas de sens ; peut-être même n'existe-t-il pas ? On l'a
mis en doute, on a fini par le rendre intelligible en le considé-
rant comme un simple « *épiphénomène* de conscience con-
comitant à des phénomènes chimiques » (2).

Mais on doit convenir que, de cette façon, c'est aller un peu
trop vite, surtout de la part des savants si pénétrés de l'idée de
déterminisme, qui, de l'avis de tous, est le seul moyen de
rendre les choses intelligibles. Quelle situation fâcheuse que
celle de cette conscience épiphénomène qui, parce qu'elle est
inactive, ne peut pas être cause ! En effet, M. Ribot lui-même ne
nous dit-il pas que « la volonté n'est cause de rien », qu' « elle
est un effet sans être cause, n'étant en droit qu'une simple
constatation » (3) ? Cependant n'y a-t-il pas là une situation
intenable ? Etre effet, sans pouvoir devenir cause à son tour, voilà
ce qui nous est bien difficile à comprendre. Pourquoi cette
exception unique ? D'autre part, elle ne peut pas être niée, car
c'est le phénomène le plus universellement constaté s'il en fut
jamais. Mais, en admettre la réalité, en dehors de la loi de la
causalité, n'est-ce pas un peu absurde et chimérique ? Il s'ensuit que si la conscience est un fait réel, quelle que soit sa
nature, elle est, en même temps, cause et effet. Ce dont il fallait mieux rechercher le sens et la raison explicative, ou tout au
moins il vallait mieux n'y pas toucher, une fois convaincu qu'on
n'en peut pas saisir le secret dans des formules chimiques et
biologiques. Mais de ce qu'on n'a pas réussi à la saisir et à la

(1. *La Physiologie de l'Esprit*. Traduction française. Paris, 1879, p. 26,
230).
(2) *Déterminisme biologique*, p. 33, 156.
3 *Les maladies de la volonté*. Paris, Alcan. Le Dantec. *Déterm. Biol.*,
p. 33.

rendre intelligible de cette façon-là, il ne s'ensuit point qu'elle soit inintelligible d'une autre manière.

Nous pensons que *Claude Bernard* était dans le vrai, quand il considérait que la causalité de la conscience est intelligible, même par rapport au monde physique. Nous n'avons qu'à nous rapporter au texte de ce dernier, que Le Dantec lui-même a signalé. « Personne ne contestera qu'il y a un déterminisme de la non-liberté morale... car certaines altérations de l'organe cérébral amènent la folie. Mais puisqu'il y a nécessairement un déterminisme de la non-liberté morale, il y a nécessairement un déterminisme de la liberté morale, c'est-à-dire un ensemble de conditions anatomiques et physico-chimiques qui lui permettent d'exister... Le déterminisme (physico-chimique) loin d'être la négation de la liberté morale en est au contraire une condition nécessaire (1). » C'est justement ce que M. Le Dantec prétend ne pas comprendre ; cependant il a bien compris la pensée de son maître, quand il l'a résumée comme il suit : « L'âme agit au moyen du corps ; comme le mécanicien au moyen de la machine... Le déterminisme biologique se réduirait au fait que le corps obéit, d'une manière déterminée, à telle ou telle impulsion que lui communique l'âme, mais l'âme serait entièrement libre de choisir la direction (2). » Cela nous paraît vrai et bien dit, et nous espérons le rendre acceptable par ce qui va suivre.

Rappelons aussi que M. Lalande nous a montré « que l'esprit est une puissance active..., son action se manifeste avant tout sinon exclusivement... la vie, dans cette hypothèse, sera donc soumise à la finalité de la pensée » (3). L'action de la conscience sur le physique n'est donc pas aussi illusoire, comme le croiraient MM. Le Dantec, Maudsley, etc.

Ne savons-nous pas que Hack Tucke a démontré que les effets produits sur le corps par la puissance de l'esprit, peuvent être précisés même et réduits à cinq catégories (4)? De même, M. Boutroux ne nous a-t-il pas fait savoir que « nous avons

(1) Claude Bernard. *Phénomènes de la vie*, t. I, p. 61.
(2) *L'individualité et l'erreur individualiste*. Paris, Alcan, 1898, p. 19.
(3) *La dissolution*, p. 92.
(4) Revue philosophique, 1886 (I), p. 504-505 (résumé Bertrand).

prise sur le mécanisme physique grâce au mécanisme psychique et sociologique » (1) ?

Au juste, tout cela veut dire que par delà le déterminisme
biologique il existe un déterminisme de la conscience, qui
s'ajoute à celui-ci, dont il est la condition, mais il en est condi-
tionné en même temps.

Il nous est difficile de concevoir comment cette relation, si
élémentaire, du moral et du physique a pu être méconnue par
M. Le Dantec. Nous ne sommes pas cependant sans nous l'expliquer. Il a été amené à nier la réalité causale de la conscience
en réagissant contre la métaphysique traditionnelle qui a toujours méconnu les conditions physiologiques de la conscience.
Mais aussi M. Le Dantec ne pourra-t-il contester la réalité causale de la conscience, que sous la forme sous laquelle la vieille
métaphysique la lui présente ; ou bien il ne pourrait contester
que cette métaphysique elle-même.

Au contraire, il nous paraît que si nous arrivons à donner au
déterminisme de la conscience un contenu positif, une base
autrement scientifique que le témoignage du sens interne, contenu, qui, à son tour, au lieu de faire abstraction des conditions physiologiques, les supposerait implicitement, nous parviendrons, par cela même, à rendre le déterminisme de la
conscience acceptable même pour les plus intransigeants. Au
fond, qu'il reste bien établi que le psychique n'est pas réduc-
tible au chimique ou physiologique. En cela, M. Le Dantec est
profondément dans le vrai. Mais que cela ne nous dispense pas de
chercher ailleurs son fondement causal. Nous ne comprenons
pas, en effet, pourquoi on persiste à contester un déterminisme
parallèle au déterminisme biologique, sous prétexte qu'il ne
serait qu'un épiphénomène, témoin inactif d'un phénomène
chimique seul actif. Ne savons-nous pas, en effet, qu'il y a un
déterminisme mécanique à côté du déterminisme chimique,
sans que ce dernier en soit exclu. celui-ci, à son tour, n'excluant
pas le déterminisme biologique? Pourquoi ce dernier exclu-
rait-il le déterminisme social qui est, comme nous le ferons
voir, à la base des phénomènes de conscience? En réalité, il

(1) *De l'idée de loi naturelle*, p. 133.

n'y a jamais eu de phénomène où ces divers déterminismes en
prissent pas part d'une façon plus ou moins complexe. « Tout
fait social, dit M. Duprat, présuppose des faits mécaniques, physiques, chimiques, etc. L'être concret comprend tous les ordres
de relations qu'étudient les autres sciences. » (1) Cette même
idée se retrouve chez M. de Greef (2) et surtout chez M. de
Roberty (3).

Nous sommes d'accord avec M. Le Dantec à croire que si les
phénomènes de conscience n'étaient pas réductibles aux phénomènes physiques — nous ne l'avons que trop longtemps
soutenu dans la première partie et avec des preuves à l'appui
— ils seraient absolument inconcevables et vrais épiphénomènes. Ils doivent d'ailleurs être considérés comme tels tant
qu'ils ne seront pas réduits à une réalité, également expérimentale, autre que la réalité matérielle et organique. Mais, puisque,
en dehors du monde physique et organique, nous ne connaissons plus de réalité susceptible d'observation, autre que le
monde social, il faut voir si ce monde social ne serait pas le
substratum expérimental de ces épiphénomènes. Si donc nous
arrivons à rattacher d'une manière indiscutable, l'épiphénoménalité au monde social, nous aurons, par cela même, rendu
le corps, la vie et l'intelligibilité à ce monde de fantômes qui
est le monde des états de conscience ; et avec l'intelligibilité
la réalité causale qu'on lui conteste. « Dans le domaine de la
perception, dit M. *Abramowski*, tout est social, car le phénomène social c'est l'objectivation de l'être pensant de
l'homme (4) ». Rappelons d'ailleurs que la réalité sociale n'est
en effet autre chose qu'une inextricable complexité de rapports,
qui, comme tels, sans être matériels, ne peuvent pas moins
être observés. Les deux ordres de choses — la conscience et les
rapports sociaux — vont si bien ensemble que les rapports
sociaux seraient difficilement saisissables, dans toutes leur
complexité, autrement que par un acte synthétique de cons-

(1) Duprat. *Science sociale et Démocratie*. Paris, Giard, 1900, p. 32.
(2) *Introduction à la sociologie*, passim.
(3) *Psychisme social*. Paris, Alcan, 1897, p. 58-60, 114.
(4) Les Bases psychologiques de la Soc. *Revue Intern. de sociologie*,
1897, p. 701-703.

cience. De manière que nous pourrions dire que les actes de conscience ne sont qu'une sorte de formule concrète de ces rapports sociaux mobiles, s'il en fut, et abstraits. C'est ce qui a fait dire à M. Baldwin que « la matière de l'organisation sociale ce sont les idées »(1). En effet, à les bien considérer, les motifs logiques et moraux ne sont que le côté subjectif d'un faisceau de rapports immatériels extérieurs. Leur force déterminatrice n'est autre chose que la nécessité de ces rapports extérieurs. De là est dérivée toute la force déterminatrice que ces actes de conscience exercent sur l'organisme. M. Duprat a très bien vu cela, lorsqu'il a dit : « C'est surtout par la conscience que les forces sociales… qui en elle sont représentées peuvent agir sur l'organisme » (2).

Il ne nous reste qu'à entreprendre une excursion dans le monde des faits sociaux pour voir s'il y a des faits, qui, par delà le déterminisme chimique, ou tout autre déterminisme naturel proprement dit, postulent, pour leur parfaite intelligibilité, un déterminisme nouveau et supérieur.

Prenons, par exemple, une cérémonie religieuse, fait composé d'un ensemble d'actes et gestes. Nous accordons que ces actes sont accomplis, d'abord, selon la plus stricte obéissance aux déterminismes physico-chimique et biologique, mais nous demanderons à M. Le Dantec s'il croit que pour ce fait la formule physico-chimico-biologique de l'enchaînement des actes particuliers est suffisante ? Peut-on s'expliquer cet enchaînement spécial d'actes différents, sans considération aucune de la formule sociale qui prescrit la forme précise de ce déroulement d'actes extérieurs, et sans laquelle ce déroulement serait incon cevable, inexplicable tout au moins ? Sans cette formule sociale intervenant à temps, les agents de la cérémonie, avec les mêmes dispositions physiologiques, auraient été capables de n'importe quelle autre forme d'activité, en dehors de celle-là.

Au moins telle est aussi l'opinion de M. Manouvrier. « Les actes des membres, mêmes les plus compliqués, dit-il, s'appli-

(1) *Social and Ethical Interpretation*, p. 487 et suiv.
(2) *Causes sociales de la folie*. Paris, Alcan, p. 26.

quent aux usages les plus divers, aux actions de toute
sorte (1) ».

Dès lors peut-on faire de la formule physico-chimique, qui
est le côté matériel des actes, la raison explicative de ce fait ?
Non seulement cette formule, encore qu'elle serait possible à
obtenir, ne donne pas l'explication suffisante du fait, mais elle
est parfaitement inutile parce que secondaire, car en réalité,
*c'est la formule rituelle, qui prescrit et la nature et la
qualité, et la quantité, voire même la direction des processus physico-chimiques déchaînés dans cette circons-
tance.* En ce cas on conviendra que c'est le déterminisme de
cette formule, seul, qui doit compter, quoique au moyen du déterminisme biologique et physico-chimique. M. Baldwin l'a très
bien dit : « le développement des dispositions naturelles est
toujours dirigé plus ou moins dans les canaux ouverts par les
forces sociales du milieu » (2). Il s'ensuit que la forme des
actions doit prendre le cachet de ces canaux, de ces formules
sociales.

Or, cette formule, extérieure d'abord, n'obtient son efficacité
qu'une fois transformée dans un acte de conscience. C'est sous
cette forme qu'elle s'impose au déterminisme physico-chimique
et vital, qui se passe dans le corps, à cette occasion. De la sorte
nous arrivons à dissiper le mystère et le nuage qui à première
vue, cachaient aux yeux le « mécanicien » intérieur qui est
l'âme et auquel le corps obéit, comme une machine. La réalité épiphénoménale *puise sa force déterminatrice* dans la
force de cette formule, et il devient ainsi évident que le *monde
des épiphénomènes, non moins que le monde des phénomènes, est intelligible par le principe de la causalité.*
Il est vrai que dans le cas examiné, le « mécanicien » n'est que
le représentant d'un complexus de rapports sociaux, qui se
sont effectués progressivement et auxquels les individus se sont
soumis avec quelque résistance d'abord. Mais lorsque ce complexus de rapports s'est condensé dans une formule et s'est
inscrit dans la conscience, cette formule continue à faire de

(1) *Actes et aptitudes. Revue scientifique*, 1891, p. 231. Durkheim :
Division du travail social, passim.
(2) *Social and Ethical*, p. 61.

l'intérieur ce que le concours des circonstances sociales avait fait du dehors. C'est bien là le sens de la force déterminatrice des motifs « logiques » et « moraux ». C'est-à-dire « la force de ces sentiments et idées se trouve intérieurement dépendante de l'extérieur » (1), disons-le avec M. Manouvrier. Plus de mystère là-dedans.

Un autre fait. Nous avons devant nous un jeune homme dont la *formule* physiologique et même chimique aurait été déterminée, supposons-le, à un moment donné, par un analyste idéal. Nous sommes *a priori* sûrs que ce savant analyste, malgré sa formule idéalement exacte, ne pourra pas nous dire ce que le jeune homme va faire à telle heure, deux jours après. Tandis que si le jeune homme est un lycéen, il suffirait de connaître assez bien les programmes et les horaires, pour déterminer approximativement ce qu'il fera à des moments donnés non seulement deux jours après, mais une année après et davantage. C'est dire que *la formule physiologique ou chimique, même idéalement exacte, de l'organisme n'a aucune valeur explicative quant aux actes sociaux que l'individu devra accomplir; que les formules sociales seules sont dans la possession complète de cette valeur;* et qu'à côté d'elles toute formule chimico-physiologique est secondaire et superflue, parce qu'elle est, elle-même, déterminée par la formule sociale. Car si cette formule sociale avait été autre, l'activité physique et physiologique aurait été autre, elle aussi. Les cas sont trop significatifs par eux-mêmes pour insister encore. Il est, en effet, de toute évidence que pendant un an, ou plus, *la formule du déterminisme biologique des actes* de ce jeune homme *est prédéterminée dans les formules des programmes scolaires.* Mais il est vrai aussi que cela suppose que le jeune homme reste dans des conditions physiologiques normales, les cas de maladie donc exceptés, ou, pour employer les mots de Claude Bernard, cela suppose le *déterminisme* de la liberté morale. Dès lors, on pourrait comprendre pourquoi les moralistes et les sociologues ont dû négliger, et, jusqu'à un certain point, se débarrasser du déterminisme biologique de MM. Le Dantec, Maudsley, etc.

(1) *Les actes et aptitudes,* p. 231.

C'est dans ce sens que M. Boutroux a pu dire, et avec raison, que « loin de nuire à notre liberté, le mécanisme la rend efficace » (1).

L'idée générale que nous voudrions dégager de ces faits a été d'ailleurs déjà entrevue par M. Espinas. « Au lieu d'essayer de rendre compte de la conscience par l'organisme matériel, nous serions plutôt tentés d'expliquer l'organisme matériel par la conscience (2). » En d'autres termes, cela veut dire que dans des limites données, normales, le déterminisme biologique ou chimique, loin d'avoir, lui, le dernier mot, comme on le pense souvent, est subordonné au déterminisme social.

Tâchons de serrer les choses de plus près pour voir ce qu'il faut entendre par là. Dans quelles conditions, au plus juste, le déterminisme vital se laisse-t-il dominer par le déterminisme social ? Ou, pour mieux dire, dans quelles conditions le monde palpable des phénomènes biologiques se laisse-t-il dominer par le monde des épiphénomènes ? Sans doute, pour que le complexus des rapports sociaux puisse déterminer les mouvements du corps, il est de première nécessité que le corps soit malléable au plus haut degré. L'inflexibilité de l'enchaînement de ses processus physiologiques exclurait absolument toute détermination venant des rapports sociaux. La liberté morale et le déterminisme social, qui en est la contre-partie scientifique, supposent que l'enchaînement des processus chimico-physiologiques n'est pas rigide, fixe, mais qu'il est la plasticité et la malléabilité même, car c'est précisément cette plasticité qui le prédispose à être déterminé par les rapports sociaux extérieurs, et par leur formule devenue un épiphénomène de conscience. Et il en est ainsi, parce que, si, en effet, les processus chimico-physiologiques sont immuables en eux-mêmes, leur enchaînement ne peut avoir rien de rigide, car le même processus physiologique et chimique peut être suivi et satisfait par n'importe quel autre processus physiologique et chimique, faisant partie d'une catégorie de processus analogues, égale-

(1) *De l'idée de lois naturelles*, p. 188.
(2) *Des sociétés animales*. Paris, Alcan. 1877, p. 361.

ment propres à suivre le premier, en le satisfaisant. Plus bref, l'enchaînement des processus chimiques, par exemple, n'est pas fatal, car une même composition chimique peut se combiner également et indifféremment de mille manières différentes.

C'est ce qui fait que les actes de notre corps ne sont pas déterminés fatalement, le conséquent par l'antécédent, comme dans le mécanisme de l'instinct « où les actes compliqués et multiples se déroulent en série régulière », leur forme étant « déterminée par l'organisation » (1) rigide du corps. En effet, il en est autrement pour un musicien déchiffrant un morceau de musique par exemple. L'enchaînement de ses gestes n'est pas du tout prédéterminé par sa constitution physiologique, mais par les notes musicales extérieures, qu'il a devant lui. C'est dire par là que ce *n'est pas aux processus chimiques et biologiques qui s'accomplissent, à un moment donné, dans un individu donné, de déterminer les processus qui doivent s'y passer immédiatement* après ; mais *ce sont les complexus des rapports sociaux extérieurs ou leurs substituts intérieurs qui déterminent le sens et la formule des processus chimiques et biologiques.*

C'est donc sur cette indétermination physiologique relative que le déterminisme social viendra s'installer, c'est ce *lapsus* qu'il devra combler. Il va de soi que si les actes se suivaient fatalement, par un enchaînement rigoureux et rapide des processus physiologiques, comme il arrive en grande partie chez les animaux, le déterminisme social serait inconcevable. Il est même aussi évident que la réalisation de ce déterminisme social ne s'effectue qu'au fur et à mesure que la plasticité, cette sorte d'indéterminisme biologique augmente, et nous allons voir même de plus près quelles sont les conditions de cette plasticité, de cet indéterminisme physiologique relatif.

Pour le moment constatons avec M. de Greef la réalité effective de cette plasticité qu'il exprime ainsi : « La composition très complexe et d'une grande mobilité de nos organes, rend compte des plus étonnantes facilités d'organisation et de réor-

(1) Ch. Richet. *Essais de psychologie générale,* p. 87-88-89.

ganisation (1). » Telle est aussi la manière de voir de M. Wagner. « Ce qui change facilement en nous, dit-il, ce sont ces aptitudes, ces penchants, qui nous font un être social. Justement parce qu'elles sont plus complexes, elles doivent se modifier avec plus de rapidité que les autres. Or, c'est dans cette partie de notre nature que le droit et la morale ont leur racine (2). »

Il n'est pas difficile de voir que la partie de notre nature la plus malléable est le cerveau, et plus spécialement l'écorce corticale. « Cette matière grise de l'écorce corticale représente la substance la plus instable et plastique, dit M. Baldwin, et c'est dans l'organisation de cette matière que les nouvelles actions acquises s'enregistrent (3). » Rappelons, d'autre part, ce que nous avons déjà dit, à savoir que les rapports sociaux des hommes ne peuvent devenir une force déterminante qu'en se transformant dans un acte de conscience, et implicitement *dans un acte cérébral physiologique.* Dès lors, en tant que les actes de conscience reproduisent d'une manière concrète les rapports sociaux immatériels, et que ces mêmes actes de conscience, les motifs « logiques » et « moraux », ont un support matériel dans la cérébralité, les deux déterminismes, biologique et social, se rapprochent et se pénètrent dans l'individu moral. Donc, à ce qu'il paraît, la dualité et l'opposition du biologique et du social se réduit à la dualité du cérébral et du reste de l'organisme. Ici, dans le cerveau, le social se matérialise et le matériel, le biologique, se socialise, ou, comme le dirait M. Durkheim, se spiritualise (4). Pour M. de Greef aussi, « à un certain moment, la biologie et la psychologie perdent leur caractère individuel et revêtent un caractère social » (5).

A présent, nous pouvons comprendre d'autant plus facilement la domination du social sur le biologique, qu'elle se réduit à très peu près à la domination de la cérébralité sur le reste de l'organisme. A mesure que le pouvoir régulateur du cerveau s'étend sur l'ensemble des processus organiques qui se déroulent dans le corps, la libération morale s'accomplit et le déter-

(1) *L'introduction à la Sociologie,* t. I, p. 63.
(2) Cité par M. Durkheim. *Revue phil.,* 1887 (II), p. 43.
(3) Baldwin. *Ethical and Social interpretation,* p. 62.
(4) *Division du travail social,* p. 380.
(5) *Introd. à la sociologie,* p. 108.

minisme social prend le pas sur le déterminisme vital. Or, le
cerveau, par sa plasticité extrême, se met nécessairement à
l'unisson des rapports sociaux délicats et multiples, et des circonstances sociales ; donc, plus il aura de pouvoir sur le reste
du corps, plus le déterminisme de ces circonstances sociales
tiendra en échec les tendances internes de celui-ci, et par
conséquent plus aussi le déterminisme social régularisera et
dominera le déterminisme vital. Car pour nous, comme pour
M. Manouvrier, « le milieu extérieur (surtout le milieu social),
joue vis-à-vis du cerveau le même rôle que celui-ci sur le reste
du corps... L'influence cérébrale s'exerce sur les aptitudes mo-
trices, sur leur groupement, autant que l'influence du milieu
extérieur s'exerce sur les aptitudes cérébrales ». Il y a, en effet,
« une corrélation anatomique entre le corps et la constitution
cérébrale, comparable à la corrélation entre le cerveau et le
milieu ». Or, le cerveau produit dans l'organisme des « efforts
couronnés de succès », tout comme l'influence du milieu extérieur détermine des efforts cérébraux qui produisent sur les
actes et sur les aptitudes du cerveau des effets absolument analogues » (1). C'est cette manière de voir que nous trouvons
encore chez Huxley : « La possibilité de l'éducation est fondée,
dit-il, sur le pouvoir que possède le système nerveux de faire
passer dans l'organisme des actions volontaires et de les transformer en opérations plus ou moins conscientes (2). » Ce pouvoir qu'a le cerveau sur l'organisme, Wundt en a donné une
explication devenue classique (3).

Donc, la corrélation entre le cerveau et l'organisme reproduit
la corrélation entre le déterminisme social et le cerveau.

Pour conclure, de tout ce qui précède il résulte qu'il y a, en
effet, une dualité bien réelle dans la nature de l'individu, mais
que cette dualité a été transfigurée et faussée par les théories
de la conscience épiphénomène.

En effet, le conflit entre le déterminisme social et le détermi-

____

(1) *Les actes et aptitudes*, p. 23.
(2) *Physiologie élémentaire*, p. 281-286.
(3) *Psychologie physiologique*, I. Paris, Alcan, 1886, p. 228-252, chap.
fonctions des hémisphères du cerveau.

nisme biologique se réduit à un conflit entre la plasticité du cerveau et la rigidité relative du reste de l'organisme, le cerveau étant comme le représentant concret, matériel, du déterminisme social immatériel et épiphénomène, et le corps celui des lois physiologiques. En d'autres termes, la réalisation du déterminisme éthico-social s'effectue et se mesure par la plasticité et l'indétermination du physiologique et, plus exactement, par la parfaite plasticité du cerveau (1), la malléabilité relative de l'organisme. Le déterminisme biologique, par rapport aux actions sociales des hommes, *ne procure que des simples possibilités (2), dont la forme de réalisation finale et réelle, ne peut être procurée ou prescrite que par l'influence des circonstances, par les rapports et les situations des individus, situations et rapports qui constituent le déterminisme social.* Le conflit entre ces deux déterminismes, provient de ce que le déterminisme biologique, au moyen des instincts, tend à prédéterminer souvent même la forme dernières de ces *possibilités*, ce qui serait la négation du déterminisme social. Cependant, le cerveau, par son rôle même, domine le reste du corps, et comme il est le pendant matériel du déterminisme social, par cela même ce dernier domine ou tient en échec le déterminisme biologique. Mais les actes de conscience étant, d'une part, la formule concrète du déterminisme social et ayant, d'autre part, le cerveau comme support, il s'ensuit qu'au fond, dans la pensée de ceux qui nient la réalité causale de la conscience, cette négation n'est que la forme inconsciente du conflit entre le cerveau et la rigidité organique. Loin d'être supprimée, la *conscience* se redresse, forte de toute la réalité sociale qu'elle contient, et impose au déterminisme biologique son contrôle et sa domination.

Il y a donc deux choses à retenir, à savoir : d'abord que le conflit théorique entre phénomène et épiphénomène est une formule métaphysique et fausse, surajoutée à un conflit réel entre le social et le vital, et puis que la force du déterminisme

(1) Manouvrier. *Les actes et aptitudes*, p. 231.
(2) Guyau. L'hérédité morale de M. Spencer. *Revue philosop[hique]* 1879, (I), p. 315.

social et, par suite, des actes de la conscience, dérive des rapports et des relations extérieures qu'il y a entre les individus vivant en société. Le milieu social, greffé sur le milieu cosmique, créa les lois de la conscience, auxquelles il subordonna les lois de la réalité physiologique de l'homme, produit de ce milieu cosmique.

III

Hérédité sociale et Hérédité biologique

Pour arriver à découvrir les conditions et les causes de la malléabilité organique que seul permet, comme on vient de le voir, le déterminisme social, nous devons aborder le problème capital de la spécificité sociale, opposée à la spécificité biologique. Sur ce sujet, il y a toute une lignée de sociologues qui croient, avec M. Espinas (1), que la réalité sociale doit être rattachée à la réalité biologique, sous peine de rester dans le vide. D'autres, exagérant cette tendance, identifient le social avec le biologique. Les uns et les autres donnent lieu à l'objection capitale de M. Bouglé, à savoir que si les faits sociaux doivent être rattachés ou identifiés aux phénomènes biologiques, « ne risque-t-on par là d'effacer, bien loin de mettre en relief, la spécificité de la sociologie » (2) ? Il y a là, en effet, une objection insurmontable et M. Espinas, autant que les autres, ne peuvent rien répondre, à moins d'affirmer que la spécificité des faits sociaux consiste précisément à être... biologiques.

Cependant l'idée de rattacher le social au biologique n'en est pas moins bonne en elle-même, et apparaît comme devant être de la première nécessité pour la sociologie, à condition que la spécificité du social en constitue une deuxième non moins in-

(1) *Etre ou ne pas être.* Revue phil., 1901 (I), 448-460.
(2) *Le procès de la sociologie biologique.* Revue philosophique, 1901 (II), p. 136.

dispensable. Nous pensons que M. Bouglé, à son tour, mérite pleinement l'objection que lui adresse M. Espinas de laisser le social dans le vide... A bien considérer la discussion on voit qu'il y a là une simple méprise sur une des premières formules de la logique, à savoir la formule de la définition élémentaire, qui contient deux éléments : *genus proximum*, et *differencia specifica*. M. Bouglé veut ignorer tout simplement *genus proximum*, M. Espinas, de son côté, n'est pas moins oublieux de la *differencia specifica*. Absolument d'accord avec Espinas (1) nous pensons que les faits sociaux sont, avant tout, des phénomènes biologiques mais... dénaturés. Ils ont subi une sorte de métamorphose qui les distingue des faits proprement biologiques et qui les spécifie.

Mais, en quoi consiste, au juste, cette spécificité des faits sociaux ? Comment peut-on l'approcher ? Voilà ce qu'il nous faut savoir.

Il nous semble qu'il faut, pour cela, voir d'abord, comment on est arrivé à établir la spécificité du *vital*, du déterminisme biologique lui-même par rapport au déterminisme physico-chimique. Or, d'accord avec M. Lalande (2), M. Le Dantec dit ceci : « Les phénomènes de la vie sont des phénomènes chimiques » (3) sans aucune autre différence que la propriété d'assimilation. « Ce qu'il y a de vraiment caractéristique des plastides par rapport aux corps bruts, dit-il, c'est le phénomène chimique de l'assimilation. Jamais la chimie des corps non vivants ne nous montre une substance s'accroissant sans changer de composition par une réaction chimique à laquelle elle participe (4). » Il ajoute que « cette propriété doit être à la base de toute étude biologique ». Tout ce qu'il y a en biologie de général doit pouvoir se déduire de cette propriété (5). Donc, le phénomène de la vie est un phénomène chimique, qui diffère de tous les autres phénomènes chimiques par cette propriété

(1) *Etre ou ne pas être. Ibid.*
(2) *Dissolution*, p. 73.
(3) *Théorie nouvelle de la vie.* Alcan, 1896. *Evolution Individuelle*, 1898, p. 4.
(4) *Méthode déductive en biologie.* Revue phil., 1901, p. 45.
(5) *Evolution individuelle*, Paris, Alcan, 1898, p. 1.

de l'assimilation qui constitue en même temps le déterminisme biologique, tous les phénomènes de la vie devant en être dérivés.

Or l'hérédité biologique est l'expression scientifique consacrée pour ce déterminisme, puisque « l'hérédité est aussi générale que la vie, pour les êtres inférieurs... On peut dire que c'est la vie même, car ils ne diffèrent des corps bruts que par les phénomènes d'hérédité. » Il en est ainsi même pour les animaux supérieurs, car considérer les phénomènes d'hérédité comme différents du phénomène essentiel de la vie c'est « une illusion que fait évanouir l'analyse profonde des faits ». M. Le Dantec arrive à considérer « la vie élémentaire manifestée et l'hérédité absolue comme des choses inséparables car, s'il y a quelque chose de commun à tous les êtres vivants, une propriété vraiment vitale, c'est l'hérédité absolue » (1). Il est donc évident que le phénomène de la vie est un phénomène chimique ayant pour « différence spécifique » l'hérédité ; de plus « tous les phénomènes de la vie sont régis par la loi de l'hérédité ». Elle est donc bien le caractère essentiel de la vie, en même temps que l'expression du déterminisme biologique, la « clef des phénomènes biologiques ». M. Lalande a lui aussi, la même manière de voir « car il rapproche la spécificité de la vie de la spécificité de la pensée, comme étant également irréductibles ».

Il s'agit maintenant de trouver le succédané de cette hérédité biologique pour le déterminisme social et pour sa spécificité. Sans doute, puisque nous avons admis que les faits sociaux sont avant tout des phénomènes biologiques (de même que les phénomènes de la vie sont avant tout des phénomènes chimiques) mais tels qu'ils s'en distinguent essentiellement, il nous semble qu'on doive les chercher plus spécialement dans les phénomènes biologiques qui ne sont plus soumis au déterminisme biologique le plus général et le plus incontestable, c'est-à-dire à l'hérédité. Il semble donc que si, en effet, il existe des phénomènes biologiques, qui remplissent cette condition, ils doivent

____

(1) *L'hérédité, clef des phénomènes biologiques*. Rev. gén. des sciences, 1900, p. 731, 733.

entrer dans le domaine des faits sociaux et alors la *non-hérédité biologique doit être précisément le caractère spécifique des faits sociaux en général.* On aurait donc trouvé
par là l'élément principal de la définition du déterminisme social. Nous aurons là une nouvelle propriété comparable à
celle qui caractérise le phénomène de la vie, irréductible comme
elle, à l'ordre des phénomènes inférieurs, et telle que M. Boutroux la conçoit (1).

Or, il est ainsi qu'on le sait, un groupe de phénomènes biologiques dont l'hérédité a été mise en doute. Pour le moment
l'extension de cette catégorie importe peu, le principal est que
son existence est hors de doute même pour les partisans les
plus exclusivistes de l'hérédité.

C'est au problème de l'hérédité des caractères acquis, que
nous pensons. Parce que précisément ces phénomènes biologiques peuvent être considérés comme non héréditaires nous
les posons, dès le commencement, comme des faits sociaux. Il
reste à démontrer, ensuite, d'une façon acceptable pour tout le
monde, leur non-hérédité.

Sans doute ceux qui ont rejeté, en principe, l'idée même de
non-hérédité des caractères acquis ont raisonné toujours de la
manière suivante : les qualités acquises, ou plutôt leur forme la
plus faible et la plus élevée qui est la pensée, si « on la considère comme propriété de la matière vivante », doivent être
transmissibles « car l'hérédité est une loi de la vie » (2).

De la façon dont nous envisageons ici cette question il résulte
que cet argument est une *pétition de principe.* Du moment
que c'est cette qualité purement biologique qu'on conteste aux
caractères acquis on ne peut plus soutenir leur transmissibilité
héréditaire en disant que ce sont là des phénomènes biologiques et que l'hérédité est « une loi de la vie ». Donc, la thèse de
M. Ribot sur l'hérédité psychologique, outre qu'elle repose sur
ce même argument, est vulnérable par un autre côté. C'est que
les recherches plus récentes n'ont pas fait ressortir, d'une façon

(1) *De l'idée de lois naturelles,* p. 82-83.
(2) Th. Ribot. *L'hérédité psychologique,* Paris, Alcan, 1897, p. 67.

suffisamment nette, le fait que la forme de la pensée dépend directement et exclusivement de telle ou telle partie de la matière cérébrale. Au contraire, des travaux, résumés par *Jules Soury*, sur la localisation cérébrale, il résulte plutôt une indépendance, ou une dépendance vague et relative de la pensée à l'égard du cerveau (1), qui ne légitime plus cette thèse de l'hérédité psychologique. C'est aussi ce que M. Durkheim a relevé, à savoir que l'existence de représentations « ne dépend pas de l'état des centres nerveux » et, qu' « elles sont susceptibles d'agir les unes sur les autres, de se combiner *d'après des lois qui leur sont propres* ». « L'état psychique ne dérive pas directement de la cellule, puisqu'il lui est extérieur », « résultat d'une synthèse *sui generis* » (2).

Cette même indépendance relative entre le développement mental et la masse cérébrale résulte aussi des recherches de M. *Binet*. Plus récemment encore nous lisons dans l'étude, publiée par MM. Vaschide et Vurpas, que, dans le cas d'analyse mentale morbide, la forme du délire ne dépend pas exclusivement des troubles physiologiques, que, en tout cas, l'explication physiologique de ces faits n'est pas suffisante, car « l'étude des *conditions psychologiques* seule donne l'explication du trouble délirant » (3).

On comprend bien ce que devient l'argument en question en ce cas. En effet, M. Ribot arrive à l'hérédité psychologique, en prenant comme point de départ l'hérédité incontestable des instincts et de quelques phénomènes psychiques élémentaires, car, nous dit-il, « entre les formes intellectuelles supérieures et les formes inférieures il n'y a qu'une différence de degré » (4).

Mais nous allons voir à l'instant ce qu'on peut obtenir de cet argument.

M. *Delage* a entrepris une étude à fond de la question et il est arrivé à cette conclusion qu'il faut étudier l'hérédité non pas dans l'abstrait mais dans la réalité des faits. Il s'en est convaincu

(1) Soury. *Les fonctions du cerveau.* Paris, 1886, p. 7.
(2) *Représentation collective et représentation individuelle.* Revue de métaphysique et morale, 1898.
(3) Vaschide et Vurpas. *L'Analyse mentale.* p. 85, 88-89.
(4) *L'hérédité psychologique,* p. 63-67.

après avoir observé que généralement les spéculations dans l'abstrait de ce sujet n'aboutissent, somme toute, qu'à des théories non seulement ingénieuses, mais encore... fausses.

Conçu théoriquement, le principe de l'hérédité conduit tantôt à l'hérédité absolue de toutes les qualités acquises, comme chez M. Ribot, tantôt à la négation absolue d'une pareille hérédité comme chez M. *Weismann.* C'est probablement ce qui a déterminé M. Delage à se limiter à l'examen des faits et à attribuer un rôle prépondérant aux « conditions ambiantes » des circonstances actuelles (1) dans la genèse des qualités acquises. Quant à leur hérédité, il distingue trois sortes de qualités acquises : 1° celles qui sont acquises par des variations générales dans l'espèce ; 2° celles qui sont acquises par des variations individuelles fortes ; 3° ou enfin, celles qui sont acquises par des variations individuelles faibles (2)...

Les premières, surtout quand elles sont dues à la nourriture et au climat *sont transmissibles, à condition que ce climat et cette nourriture soient permanents.* Les secondes — les qualités individuelles fortes — sont *très exceptionnellement transmissibles.* Les variations individuelles faibles — les troisièmes — qui distinguent un homme normal d'un autre homme normal *ne sont jamais héréditaires* (3). En un mot la théorie des « causes actuelles » peut être résumée ainsi : *L'hérédité des caractères acquis est vraie seulement quand les circonstances extérieures qui l'ont provoquée sont permanentes et générales* ; de telle façon que *cette hérédité est en fonction de la permanence de ces circonstances extérieures.*

M. Le Dantec, quoique par une méthode opposée en quelque sorte à celle de M. Delage, est arrivé à peu près aux mêmes résultats. Sa méthode exclusivement et franchement déductive (4) diffère de ses analogues par une objectivité et une rigueur scientifique toutes particulières. Comme on l'a déjà vu, il pose

1. *La structure du protoplasme et l'hérédité.* Paris, Reinwald, 1895, p. 777.
(2) *Ibid.,* p. 813.
(3) *Ibid.,* p. 812, 814-817, 817-819, 819-825.
(4) *Evolution individuelle et hérédité,* p. 234.

le principe de l'hérédité *à priori*, comme étant ce qu'il y a de plus caractéristique et essentiel dans les phénomènes de la vie. Il l'explique d'ailleurs, très clairement, par le principe de corrélation qui veut que « toute modification du soma retentisse effectivement dans le germe » et par le germe cette modification se transmettra à la génération suivante. Cependant le principe de coordination que M. Le Dantec admet, à côté du principe de *corrélation*, s'y oppose, car il veut que l'organisme, dès le moment de son éclosion, *s'adapte aux conditions extérieures de la vie sous peine de périr*. Par conséquent, les exigences de la corrélation, c'est-à-dire de l'enchaînement des actes internes, sont contrecarrées par le principe de coordination, qui, à le considérer de plus près, n'est autre chose que l'expression scientifique du principe de la plasticité organique, dont nous cherchons le sens et les conditions.

Or, d'après M. le Dantec, la *corrélation*, toute-puissante avant l'éclosion de l'organisme, cède ensuite le pas à la *coordination*. Tout au moins la concordance de ces deux principes c'est-à-dire l'hérédité absolue, qui en résulte, suppose un arrangement de circonstances extérieures telles, qu'elles ne contrarient pas la corrélation ; en d'autres termes, il faudrait, pour cela que les conditions de la vie de la génération suivante, soient idéalement identiques, au moins analogues, à celles des générateurs.

En est-il ainsi ? C'est là toute la question de l'hérédité des caractères acquis et par conséquent du plus ou moins de plasticité organique. L'hérédité donc paraît dépendre entièrement de la mobilité des circonstances. Mais il nous faut voir comment cette mobilité des circonstances peut expliquer la malléabilité organique.

L'auteur du livre : *Théorie nouvelle de la vie*, s'occupe ailleurs longuement de l'effet de l'éducation sur les centres nerveux. « L'éducation, dit-il, a une influence considérable sur l'évolution des centres nerveux au point de vue des rapports microscopiques entre les neurones (1). » L'influence de ces rap-

(1) *L'Évolution individuelle et l'hérédité*, p. 111 et 190, 186-187, 188, 114.

ports est grande sur la manifestation extérieure de notre activité vitale, car c'est ce qui fait que nous sommes éducables. M. Le Dantec distingue lui aussi deux sortes de caractères acquis par l'éducation, les uns plus profonds, les autres superficiels. Il considère les premiers comme définitivement acquis, par conséquent transmissibles (1), et les derniers comme non acquis et non héréditaires. C'est parce que ces derniers sont le résultat « d'une opération accomplie une seule ou un nombre restreint de fois, et qu'après chaque opération isolée, la *corrélation*, un moment troublée, redevient pendant le repos qui suit ce qu'elle était auparavant (2). » Il va de soi que l'influence de l'éducation sur les « rapports microscopiques des neurones » appartient à cette dernière catégorie et par conséquent n'est pas héréditaire. « Le fait de parler anglais — nous dit-il — n'est pas héréditaire, il ne correspond pas à une variation suffisante pour qu'elle puisse se répercuter dans tout l'organisme et se graver dans le patrimoine commun à tous les éléments histologiques (3). »

Et cela d'autant plus que même les caractères définitivement acquis ne sont transmissibles qu' « en tant que les conditions extérieures n'exigent pas une coordination nouvelle ». Dans le cas contraire il n'y a pas d'hérédité, ou il n'y a qu'une hérédité irréversible qui, de l'aveu de M. Le Dantec lui-même, est la négation de l'hérédité. « Au point de vue morphologique, l'éducation semble très minime — nous dit-il —, mais elle n'est pas nulle pour cela. Des différences très minimes sont quelquefois très importantes au point de vue psychologique (4). » Donc, on voit bien que la non-hérédité se confond exactement avec la plasticité organique qui nous préoccupait.

En somme, d'après M. Le Dantec comme d'après M. Delage, les variations fortes peuvent être transmissibles quelquefois, mais les variations faibles ne le sont jamais. Ce que nous pouvons dégager de général et de positif, en rapprochant leurs théories, c'est qu'ils sont d'accord que l'hérédité des caractères

(1) *Évolution individuelle et hérédité*, p. 115.
(2) *Ibid.*, p. 191 et 192.
(3) Revue scientifique, 1901 (II), p. 460.
(4) *Évol. indiv. et hérédité*, p. 192, 460-461.

acquis est sûre et incontestable quand les circonstances externes qui les ont provoquées, *sont permanentes ou comparables,* et que *cette hérédité est inconcevable lorsque ces conditions sont trop mobiles et nous pourrions ajouter. très complexes.*

M. *George Adami,* un bien connu biologiste anglais, envisage le problème de l'hérédité d'une manière très comparable à celle de M. Le Dantec ; il y distingue deux principes analogues aux principes de corrélation et subordination : *inheritance and environment.* L'hérédité absolue serait l'effet de la structure des cellules, contenues dans le germe — idéoplasme ; structure qui est en fonction de la position des cellules, car les cellules modifiées « retiennent la modification » dans la génération suivante, « si leur soumission au même ensemble de conditions est continuée pour une période suffisamment longue, ou avec une intensité suffisante. » Il va même plus loin : « Dans la mesure où les conditions environnantes sont inaltérables, nous dit-il, l'idéoplasme, ne change pas, quand ces conditions changent l'idéoplasme est susceptible de varier dans sa constitution chimique » Or « l'hérédité, ajoute-t-il, dépend essentiellement de la constitution chimique de l'idéoplasme (1). »

C'est ce que nous apprend aussi M. W. P. Ball. « L'hérédité d'exercice devient absolument impuissante toutes les fois qu'elle se trouve en conflit avec le grand principe dominant de la sélection (2). » Ici on doit savoir que M. Ball comprend par sélection exactement ce que M. Le Dantec comprend par corrélation.

Comme on le voit, il y a partout question de *plus* ou *moins,* tout comme dans l'hérédité psychologique de Ribot. Seulement, de ce qui arrive avec le *moins,* on ne peut rien induire sur ce qui doit arriver avec le *plus,* et inversement ; car si les conditions extérieures *plus* stables provoquent l'hérédité des qualités acquises, les conditions *moins* stables ne sauraient avoir le même effet, nous en venons de voir le pourquoi. Il y a

(1) *British medical Journal,* 1899, p. 321, 330, 322.
(2) *Les effets de l'usage et de la désuétude,* Paris. 191, p. 107.

donc des différences de degré suivies par des différences de qualités irréductibles. Par conséquent l'hérédité des instincts, non seulement ne peut pas confirmer l'hérédité psychologique entière, mais elle serait, semble-t-il, plutôt la preuve du contraire. C'est justement parce que les qualités acquises ne se transmettent pas, que les instincts se perpétuent inaltérables au long des générations.

Nous connaissons jusqu'ici les causes de la non-hérédité des qualités acquises, qui s'identifie avec ce que nous avons appelé plasticité organique, tâchons maintenant de serrer encore de plus près la question et voyons quelles sont les conditions et les circonstances si changeantes dont l'effet est cette plasticité organique, et qu'est-ce qu'on peut en tirer. Sans doute, si l'on veut préciser les circonstances relativement permanentes, et les circonstances moins stables dont nous venons de parler, on s'aperçoit qu'on doit distinguer, d'un côté les conditions du milieu cosmique, de l'autre celles du milieu social (1). Les premières ne changent que d'une manière constante, au moins régulière, et nous avons, sur leur permanence relative, les affirmations des savants (2) qui s'en occupent.

Mais du côté social il y a non seulement une variabilité des conditions mais une mobilité complexe, très peu régulière, et croissante par dessus tout. Comme on nous l'a déjà montré, la mobilité des conditions sociales augmente vertigineusement avec l'extension des sociétés, avec l'accroissement de leur volume et de leur densité (3).

Il s'ensuit, de ce que nous venons de conclure sur l'hérédité des caractères acquis, que les *modifications physiologiques, provoquées par les conditions sociales, à cause de l'instabilité de ces dernières, ne peuvent pas être héréditaires,* car les conditions de la génération prochaine, ne sont plus les même que celles de la génération précédente. Or, ces modifications nous les avions présumées, dès le commencement,

(1) Dupral, *Les causes sociales de la folie,* p. 22.
(2) Huxley, *Evol. and Ethics,* p. 40.
(3) Durkheim, *Le suicide,* 1897, ch. III, sect. II. *Division du travail social,* ch. III, p. 281-334. Aussi M. Bouglé, *Les idées égalitaires,* II, ch. I, p. 92-93.

comme des faits sociaux en tant que non-héréditaires ; elles sont maintenant d'autant plus qualifiés pour les considérer comme tels en tant que provenant de l'influence du milieu social. Par conséquent, le caractère négatif de non-hérédité doit se confondre avec le caractère essentiel des faits sociaux, tout comme l'assimilation et par suite l'hérédité est d'après M. Le Dantec l'essentiel des phénomènes de la vie. Nous pouvons donc dire provisoirement que cette non-hérédité est le caractère essentiel, exprimé sous une forme négative, des faits sociaux, et par suite du déterminisme social. Mais voyons de plus près ce qu'il en est. Y a-t-il d'autres raisons encore pour considérer les qualités acquises non transmissibles, venant du milieu social, comme des faits sociaux ?

Nous devons insister davantage sur la non-hérédité des variations provenant du milieu social, parce qu'on le voit bien, c'est là le point capital. C'est aussi tout ce qu'il y a de plus difficile à faire accepter par tout le monde, attendu que la thèse contraire a été soutenue, avec infiniment plus de compétence, par M. Ribot, et étant donné qu'elle est, en quelque sorte, l'une des idées les plus répandues, les plus claires et les plus vraisemblables en apparence, comme M. Manouvrier l'a remarqué quelque part. Du fait que le fils tient la forme de son nez du père (1), on a induit qu'il en a acquis ses idées par le même moyen.

Cependant, la thèse inverse qui est la nôtre, n'est pas sans avoir eu déjà un nombre de plus en plus grand de défenseurs. Nous en citons quelques-uns. « Rien n'est moins sûr — nous dit M. Bouglé — que la transmission héréditaire par voie physiologique des idées, des sentiments (2)... » M. Bouglé nous rapporte ailleurs que Wundt « traite de romans » les théories qui « admettent l'incorporation organique et par suite la transmission héréditaire des idées sociales » (3).

Et puis « le progrès même des sciences naturelles — dit encore M. Bouglé — nous invite à expliquer le moins de choses

(1) Manouvrier. *L'indice céphalique*, p. 231.
(2) *La Banqueroute de la philosophie des races*. Revue sociale, 1899, p. 363.
(3) *Procès de la sociologie biologique*. Revue philosophique, 1901, p. 111.

possible par les vertus occultes et incertaines de l'hérédité ».
A ces considérations s'ajoute encore celle, déjà mentionnée, de l'indépendance relative, où se trouvent « les fonctions
les plus élevées de la vie de l'esprit » par rapport « à l'organisme » car « on perd le fil entre la structure du corps et les
œuvres de l'esprit » (1).

M. Durkheim n'est pas d'un autre avis lorsqu'il dit : « la civilisation s'affranchit du corps... et l'hérédité est de plus en plus
incapable d'en assurer la continuité ». Ou bien : « la transmission
des aptitudes spéciales... n'a pas lieu, parce qu'elle ne peut
s'effectuer que par un miracle d'équilibre qui ne saurait se
renouveler souvent » (2). « Nous ne transmettons à nos descendants qu'un germe indéterminé. » Puis, nous dit-il encore,
« chez l'homme les aptitudes de toute sorte que suppose la vie
sociale sont beaucoup trop complexes pour pouvoir s'incarner
en quelque sorte dans nos tissus, se matérialiser sous la forme
de prédispositions organiques. Il s'ensuit qu'elles ne peuvent
se transmettre d'une génération à l'autre par voie d'hérédité » (3).

Mais celui qui a eu, plus que personne, un profond sentiment
de la non-hérédité des qualités acquises dont il est question,
c'est M. Manouvrier. « Sans doute, dit-il, les générations éteintes nous ont légué les pensées en même temps que notre constitution physique, mais cela ne veut pas dire que ces pensées
soient héritées avec notre constitution (4) ». Nous avons déjà
vu les protestations de M. Kidd contre cette hérédité, dans la
première partie de cette étude (5). Nous y ajoutons encore l'opinion de M. Lapouge qui est très nette aussi à ce sujet. « La
connaissance acquise et les effets de l'éducation ne se transmettent pas par l'hérédité (6) ».

Nous disions que la raison de la non hérédité de ces qualités
acquises c'est la mobilité et la complexité extrêmes et irrégulières du milieu social. En effet, si nous rapportons la mobilité

(1) *Banqueroute de la phil. des races*, 282.
(2) *Division du travail social*, 347, 357.
(3) *Revue de métaphysique et morale*, 1903, janv., p. 47.
(4) *Indice céphalique et la pseudo-sociologie*, p. 237.
(5) Voir plus haut, p. 31-32.
(6) *Op. cit.*, p. 105.

du milieu social à la permanence relative du milieu cosmique, nous y trouvons une relation qui n'est comparable qu'à celle qu'il y a entre la mobilité de l'organisation cérébrale et la fixité relative du reste du corps. D'une manière générale nous pouvons donc rapprocher l'idée de la complexité cérébrale très instable de l'idée du milieu social très mobile, et la rigidité relative du reste de l'organisme de la permanence relative des conditions cosmiques. L'opinion de M. Manouvrier, citée plus haut (1), sur la corrélation qu'il y a entre le milieu et le cerveau justifie ce rapprochement. Nous pouvons nous hasarder même jusqu'à affirmer que *le cerveau est un appendice organique modelé à son image par le milieu social.* « Ce n'est pas à un organisme que ressemble la société, c'est bien plutôt à cet organe singulier qui se nomme un cerveau », dit aussi M. Tarde (2).

Le cerveau est un organe que la société mobile et complexe a dû créer et développer, et qu'elle a dû surajouter à l'organisme comme un moyen plus sensible, plus adéquat que le reste, plus propre à s'adapter aux nouvelles conditions si changeantes, et à y adapter l'organisme entier. Nous considérons le livre de M. Espinas sur les *Sociétés animales* comme une vérification possible de cette hypothèse. Il établit, avec toute la compétence qui serait à désirer, un rapport nécessaire entre « l'intelligence supérieure » de certains animaux, par suite entre leur cerveau et « leur haute organisation sociale » (3).

Mais nous avons plus et mieux que cela en faveur de notre hypothèse. Nous avons eu la chance de découvrir, avant de finir complètement notre étude, un livre, à peine imprimé, et qui contenait la preuve indéniable d'un fait qui est de nature à rendre notre hypothèse une vérité expérimentale des plus évidentes. Il y a là une recherche expérimentale, faite par MM. Vaschide et Vurpas, sur un monstre humain anencéphale, et que les auteurs concluent par ces lignes révélatrice : « Le cerveau semble être un organe de *perfectionnement*,

(1) Voir plus haut, p. 48.
(2) *La logique sociale*, Paris, Alcan, 1898, p. 127.
(3) *Des sociétés animales*, p. 334-335.

extrêmement utile pour le bon fonctionnement de l'organisme, mais non *indispensable* pour une vie psycho-biologique rudimentaire (1) ». N'y a-t-il pas ici la *preuve cruciale* de notre thèse ? Nous avions déjà vu que le cerveau est l'instrument du déterminisme social, nous avons maintenant la preuve que c'est ce déterminisme qui l'a provoqué, car on nous donne la preuve par les faits que le cerveau n'est pas indispensable pour la vie biologique, il n'en est qu'un organe de perfectionnement évidemment nécessité par la vie sociale.

Quoi qu'il en soit, les deux réalités essentiellement différentes par leur degré de stabilité — la réalité cosmique et la réalité sociale — se réfléchissent dans l'homme social concret. D'une part, l'organisme a été modelé d'une manière relativement rigide par le milieu cosmique. Le milieu social complexe et mobile, d'autre part, a surajouté ultérieurement à l'organisme un cerveau développé, afin d'adapter à ses conditions et à ses nécessités, au moins aussi pressantes que celles du milieu cosmique, le reste de l'organisme. « L'homme est né — nous dit M. Baldwin — dans un système de relations sociales comme il est né dans une certaine qualité d'air. Comme il grandit physiquement respirant l'un il grandit intellectuellement respirant l'autre. » Mais « l'influence du milieu physique est biologique et elle concerne l'organisme » (2).

Le cerveau ne fait que reproduire le conflit entre l'instabilité du milieu social et la rigidité du milieu cosmique, car il est le représentant du premier avec la charge difficile de le concilier avec les exigences du second cristallisées déjà dans le reste de l'organisme. Cette tâche devient d'autant plus difficile que les sociétés civilisées tendent à se pénétrer et dissoudre dans une société universelle. La mobilité et la complexité, qui en résultent, sont *extraordinaires*, mais le cerveau doit y adapter le corps, sous peine de périr et c'est probablement de là que provient sa toute-puissance sur le reste du corps. Mais aussi il va de soi qu'il doit cette puissance à sa plasticité parfaite qui réfléchit la mobilité sociale. On doit bien admettre

(1) *Essais sur la psychologie des monstres humains.* Paris, Rudeval 1903, p. 48.
(2) *Social and ethical Interpretation*, p. 61.

avec M. Baldwin que « le *lien* entre le tout social et l'individu »
consiste dans « cette plasticité » (1).

Le vrai conflit entre le déterminisme social et le déterminisme biologique se réduit donc, en dernière analyse, comme
nous l'avons déjà vu d'ailleurs, au conflit entre la rigidité organique, dont l'expression scientifique est l'hérédité, et la plasticité cérébrale, et organique aussi, dont la formule est encore à
trouver. Il s'agit de voir maintenant de plus près *comment* la
plasticité ou bien la mobilité cérébrale, qui reflète la mobilité
du milieu social, peut combattre et dissoudre la rigidité organique, effet de l'immobilité physique. Cela paraîtra difficile,
voire même paradoxal. Comment le social mobile peut-il au
juste lutter contre la rigidité du milieu cosmique, dont l'influence est fixée dans les instincts?

Mais, nous dit-on, « toutes les exigences récentes de la vie
sociale et morale soumettent l'homme au développement du
contrôle personnel, l'obligent à se faire *docile* à perdre les
manières violentes impulsives... ce qui entraîne une sorte
d'immolation de l'instinct ». Or, ces exigences de la vie
sociale sont appuyées par toute une série de *sanctions*, que
M. Baldwin examine et qui sont des sanctions pédagogiques,
conventionnelles, civiles, morales, religieuses, etc. (2). Nous
admettons aussi avec Guyau que l'éducation, et plus spécialement la suggestion qui en est le moyen, « crée des instincts
artificiels capables de *faire équilibre aux instincts héréditaires*, de les *étouffer même* (3) ». La force qu'a l'éducation
pour dissoudre la rigidité organique des instincts est reconnue
même par M. Le Dantec. « L'hérédité des caractères acquis,
dit-il, est vraie *tant que l'éducation ne l'aurait pas modi-
fiée* ». Et encore : « les caractères acquis par l'éducation pour-
raient *corriger* et peut-être *faire disparaître*, en grande
partie, les différences d'origine », car « l'éducation peut avoir
dans certains cas une influence *comparable* à celle de l'héré-

(1) *Interprétation sociale et morale*, édit. fr. Paris, Giard, 1899, p. 288.
(2) *Social and Ethical*, 404, 445.
(3) *Hérédité et éducation*, p. xv.

dité, ou même *supérieure* » (1). « La moralité, dit Guyau, est l'affranchissement des instincts animaux et de toute passion violente (2) ».

Les efforts des hommes moraux envers les fins morales ont « sinon aboli, peut-être radicalement modifié les impulsions organiques », nous dit Huxley (3). D'accord avec Huxley, M. Lapouge nous dira, à son tour, que « la perversion de l'instinct (de la génération) est le fruit d'une longue et sévère sélection pratiquée par la substitution de la continence au devoir envers l'espèce, dans des prescrits de la religion et de l'opinion » (4). Il arrive ainsi que chez l'homme « la coordination d'aptitudes élémentaires perd la constance et... la sûreté de la transmission héréditaire... le cerveau humain est plus que tous les autres une sorte de table rase (5). » Donc de tous les côtés il résulte que « les exigences » d'une société grandissante s'opposent à la rigidité organique et la font fléchir, en l'obligeant de céder aux sanctions de toute sorte. Or, toutes ces considérations nous conduisent à regarder les caractères acquis sous la pression de la vie sociale, et non transmissibles, comme les véritables faits éthiques et sociaux.

Quelle preuve plus caractéristique peut-on procurer en faveur de la différence de nature entre le déterminisme éthico-social et le déterminisme biologique ? *Si la morale était un fait naturel stricto sensu, elle n'aurait plus besoin de sanctions, et de l'intervention de l'éducation,* car pour les choses naturelles, le bourgeonnement des plantes par exemple, il n'y a jamais eu de sanction. Quelle preuve plus éclatante que ces sanctions de cette vérité que la morale ne peut pas être naturelle ?

Mais l'action dissolvante de la vie sociale se fait sentir non moins efficacement par une voie détournée. L'accroissement de la société donne lieu, en effet, à des résultats qui forcent l'hérédité à tourner contre elle-même. Les différentes variétés

(1) *Evolution individuelle et hérédité*, p. 192, 280.
(2) *L'hérédité morale de Spencer*. R. Ph., 1879, p. 312.
(3) *Evolution and Ethics*, p. 26.
(4) *Op. cit.*, p. 191.
(5) Manouvrier. *Actes et aptitudes*, p. 285.

de l'espèce humaine, venant en contraste ou se mêlant les unes avec les autres, leurs qualités différentielles tendent à se neutraliser en vertu même de la loi de l'hérédité. « Le métis, affirme M. Lapouge, ne sent pas la charge d'une race à perpétuer. Ce n'est pas une race qu'il aurait à perpétuer, c'est deux, c'est plusieurs, c'est-à-dire *l'impossible* (1). » Et puis *Galton* l'a montré, « les particularités d'un individu, si importantes qu'elles soient, sont réduites à zéro dans la génération prochaine » car « elles sont combattues par la moyenne des particularités de tous les ancêtres ». Galton tient donc ce fait comme une loi : la *loi de la Régression* (2) *qui élimine les différences existant entre un homme et la moyenne de ses semblables.* « En vertu de la division du travail croissante, de la différenciation également croissante du milieu social », les coordinations d'aptitude « diffèrent et aboutissent dans le processus de l'hérédité à une dislocation sans cesse renouvelée d'aptitudes établies dans chaque individu sous l'influence de ses conditions de milieu particulier ; on comprend bien alors que l'héritage de chacun soit limité aux aptitudes élémentaires et que l'enfant humain soit le plus dépourvu de ces associations fixes (3). » C'est donc ainsi que l'augmentation du milieu social, par l'éducation et par les sanctions qu'elle crée, finit par déjouer la loi essentiellement organique de l'hérédité. Les attaches organiques, les instincts, sont dissous de cette façon et le corps rendu malléable et docile aux injonctions du cerveau. Il est donc à retenir de tout cela que l'éducation, la suggestion et la sanction dressent un obstacle devant la loi de l'hérédité organique, en neutralisent les effets, et finissent même par l'armer contre elle-même. De sorte que s'il y a quelque chose qui se transmet encore c'est la parfaite plasticité, qui en résulte, c'est-à-dire l'impossibilité de cette hérédité des caractères acquis, dans l'avenir.

D'autre part nous devons rappeler ici même que personne n'a plus attaqué la possibilité de l'hérédité des formes intellectuelles supérieures que M. Ribot lui-même. Ses monographies

(1) *Op. cit.*
(2) *Natural Inheritance*, London, 1889, p. 191-193.
(3) Manouvrier, *Actes et aptitudes*, p. 25.

devenues classiques, sur la volonté, sur la mémoire, contiennent une manière de voir à laquelle nous avons recours comme à un argument suprême à l'appui de notre thèse. En effet, M. Ribot a bien établi que les fonctions de l'intelligence qui sont « nées les dernières » sont « les premières à dégénérer » (1); qu'un état complexe a beaucoup moins de chance de se produire et de durer » ; que « la dissolution des actes volontaires et des acquisitions de la mémoire » suit une loi logique qui va du plus récent et du plus complexe au moins complexe et récent » ou « de l'instable au stable », parce que quelque nets et quelque intenses que soient ces souvenirs et ces actes de volonté « ils ont un minimum d'organisation » (2). Tout ce que dit M. Ribot, à cette occasion, résume à peu près tout ce que nous avons dit plus haut contre l'hérédité psychologique. Sans doute il va de soi que si les souvenirs sont si fugaces, qu'ils ne peuvent pas être conservés, même pendant la vie de l'individu, peut-on les concevoir comme transmissibles physiologiquement de génération en génération ? Si un accident quelconque de la vie courante peut facilement nous faire perdre ces souvenirs, comment peut-on imaginer que l'acte de la procréation puisse avoir des résultats moins profonds à l'égard de ces souvenirs qui doivent devenir qualités acquises dans la génération suivante ? (3).

Outre que le cerveau est trop instable dans le détail de sa constitution et d'origine plutôt sociale, nous devons dire, avec M. Bouglé, que « les qualités d'esprit sont des œuvres d'art fines et complexes, qui meurent, sans doute, avec l'artiste » (4). On doit reconnaître aussi, avec M. Manouvrier, « que si les habitudes cérébrales étaient héritées par les descendants, ceux-ci risqueraient d'être gênés, car, obligés à s'adapter à des combinaisons de circonstances variables à l'infini, ils se trouveraient dès leur jeunesse aussi incapables de réadaptation que les vieillards » (5). Selon la thèse contraire, « les organismes » devraient vraiment être « impossibles à manier », car l'hérédité

---

(1) *Maladies de la volonté.* Paris, Alcan, 11e éd., p. 161.
(2) *Maladies de la mémoire.* Paris, Alcan, 12e éd., p. 47-94.
(3) Durkheim. *Division du travail,* p. 345.
(4) *Le Régime des castes. La Grande Revue,* 1889, p. 348.
(5) *Indice céphalique et Pseudo-Sociologie,* p. 317.

tendrait « à stéréotyper les habitudes et à convertir la raison en instinct » (1).

Cela dit, il devient inutile d'insister davantage sur les raisons qui justifient la thèse de la plasticité organique, ou pour mieux dire la thèse de la *non-hérédité* des qualités acquises sous l'influence du milieu social. Dès maintenant, nous devons considérer, d'une manière définitive, que cette *non-hérédité* est l'expresion, sous une forme négative, du caractère essentiel des faits sociaux et du déterminisme social et qu'elle constitue cette *differencia specifica* du social, tout comme l'*assimilation* et par conséquent l'hérédité constituent le *quid proprium du vital*. Et il faut noter que l'hérédité (ou l'assimilation), n'est elle aussi que l'expression positive de ce caractère vital essentiel qui est la *non-destruction* de la matière vivante, en tant que composé chimique défini, « chaque fois qu'elle réagit », car pour toute composition chimique autre que le plasma, « la quantité diminuera constamment » (2) durant cette réaction.

Le social est du biologique *non transmissible* par la génération, tout comme le biologique est du chimique *non destructible* par la réaction.

Ainsi, conçu d'une manière scientifique précise, le déterminisme social est non seulement différent, mais il est bien l'opposé, la négation du déterminisme vital, c'est-à-dire tel que nous l'avons déjà vu plus haut.

Pour avoir la formule exprimant affirmativement le déterminisme social, nous n'avons qu'à pousser l'analyse des faits un peu plus loin. Parmi les qualités acquises, il y en a qui sont, comme on le sait, de la plus haute valeur pratique, et dont la perte — étant donné qu'elles sont fuyantes par définition — serait vraiment un malheur irréparable autant qu'inévitable pour les générations à venir.

Or les choses se passent dans la société de telle sorte qu'on évite un si grand inconvénient, puisque les acquisitions utiles se conservent par des moyens extérieurs durables. Les acquisi-

(1) W. P. Ball. *Les effets de l'usage et de la désuétude*, p. 112 et 129.
(2) Le Dantec. *Théorie nouvelle de la vie*, p. 88-89.

tions intellectuelles, trop mobiles en elles-mêmes, s'inscrivent de cette façon, comme nous l'avons déjà dit, dans des choses matérielles extérieures. Cette inscription extérieure se réalise sur une échelle d'autant plus variée que le contenu cérébral devient plus complexe et par conséquent plus instable. Il se forme de la sorte, en dehors des individus, des cerveaux géants qui sont les bibliothèques dans lesquelles se sont figées à perpétuité, comme par un mécanisme cinématographique, les principales acquisitions intellectuelles du cerveau intégral de l'humanité.

Ou bien, poussés par une idée dominante qui emprunte sa force momentanée aux courants sociaux ou aux nécessités pratiques, nous réagissons sur le milieu extérieur et nous y inscrivons nos acquisitions sous forme d'œuvres d'art et de métiers. De cette façon, un fait nouveau s'est produit : les qualités acquises, qui, chez les animaux et les hommes vivant dans de petits groupes, s'inscrivent dans leur organisme en se transmettant avec celui-ci par l'hérédité physiologique, chez les hommes civilisés s'inscrivent à l'extérieur dans quelque chose de fixe, et c'est par ce quelque chose d'extérieur et durable qu'elles se transmettent aux générations à venir.

Ainsi, il s'est formé, à côté de l'hérédité physiologique qui crée les instincts, une hérédité extérieure qu'on appelle la *tradition* (1), écrite ou orale, et qui produit en ce sens des résultats analogues à ceux que produit l'hérédité. C'est précisément ce qu'exprime M. Espinas en disant : « Les arts sont à chaque société ce que sont ses instincts à chaque espèce animale » (2).

C'est ce que M. Weismann a bien vu quand il dit que « le trait qui marque le plus profondément la différence entre l'homme et l'animal, c'est que l'homme possède une tradition », Ou bien « la marche de ce développement (de la musique), ne repose pas — nous dit-il encore — sur un changement de notre nature innée », les causes en sont « d'abord le perfectionnement graduel du piano qui est aussi un effet de la tradition » (3).

(1) Giddings, *Principes de Sociologie*, Paris, Giard, 1897, p. 133-139.
(2) *Philosophie sociale du XVIII' siècle*, Alcan, 1898, p. 8-9.
(3) *Essais sur l'hérédité*. Paris, Schleicher, p. 188-189, 100-101, 308.

Telle est aussi l'opinion de M. Vaccaro sur la distinction essentielle qu'il y a entre l'homme et l'animal : « Chez les animaux, dit-il, l'adaption s'accomplit uniquement grâce à un processus de modifications organiques et psychiques qui ne s'étend pas au-delà du corps. Chez l'homme, au contraire, à côté de ce processus, il en reste un autre, artificiel, qui consiste en modifications imprimées à la nature extérieure, en appareils et instruments séparés de son corps » (1). M. Ward, à son tour, ne nous dit-il pas que « les armes et instruments de tous les animaux sont des parties d'eux-mêmes, ceux de l'homme sont des produits mécaniques et ce sont des parties du milieu physique » (2). La même idée se trouve aussi nette chez M. Bouglé : « De la parole au livre... il y a, dit-il, mille choses sociales dans lesquelles s'incarnent, en dehors des organismes individuels, les pensées du groupe... telle est la *nature* des réalités sociales » (3). La thèse sociologique de M. *Simmel* est d'ailleurs l'expression ou la mise au point de cette idée élevée au rang de conception générale. « Il y a société, dit-il, partout où *l'interaction* s'est condensée dans un corps, qui se différencie comme social... et qui ne consiste pas seulement dans un fait subjectif », car avec ce corps « une forme objective s'effectue qui est indépendante des personnes qui y prennent part » (4).

Donc, en face de l'hérédité physiologique qui constitue le déterminisme biologique, avec tout son cortège d'instincts et *struggle for life*, il y a *l'hérédité tradition*, cette hérédité extérieure avec son cortège de conséquences de nature distincte : les arts, l'éducation, etc. Appelons, si vous voulez, cette dernière *hérédité sociale*. Nous tenons dans ces deux mots l'expression, sous une forme affirmative et définitive, du déterminisme social comme distingué et opposé au déterminisme biologique.

Nous avions déjà, depuis longtemps, employé cette formule quand nous nous sommes aperçu qu'elle avait été employée, et avec insistance, par M. Baldwin avant nous, mais nous nous

---

(1) *Les Bases sociales du droit*. Paris, Giard, 1808, p. 111.
(2) *Op. cit.*, p. 85.
(3) *Procès de la sociol. et la rép. des castes*, p. 112.
(4) *Über sociale differenzierung*. 1890, p. 16.

sommes aperçu aussi que M. Kidd (1) l'avait employée avant M. Baldwin. D'autre part, l'idée du processus de l'*hérédité sociale*, dans le sens très précis que nous lui donnons, a été conçue bien avant M. Kidd, par MM. Weismann et de Roberty et d'une façon moins nette elle remonte jusqu'à Auguste Comte (2), sans oublier que Herder et Condorcet l'avaient envisagée et longtemps traitée au dix-huitième siècle. N'est-ce pas Herder qui séparait le monde civil du reste de la nature par l'intervention de la tradition ?

Dans la littérature sociologique la plus récente, nous trouvons l'idée de l'hérédité sociale plus d'une fois, quoique accidentellement, mais très nettement exprimée. « La perpétuité de l'âme d'une nation s'explique aisément, nous dit M. Bouglé, par une *transmission proprement sociale*. » (3) M. de Greef, résumant la conception de Schæffle, nous dit que « les idées nouvelles se transmettent par l'enseignement, la pratique et la propagande, *l'hérédité sociale est plus importante que l'hérédité privée* » (4). M. Manouvrier, sur ce point, est tout aussi net : « Pour les idées et sentiments, il est tout autrement, dit-il, que pour « des nombreux traits de visage », car « nous voyons bien comment nous héritons des pensées de nos devanciers, c'est par tradition orale ou écrite (5). » Cependant, celui qui a le plus insisté sur le principe de l'hérédité sociale, c'est M. Baldwin. Il distingue en effet « l'hérédité naturelle », qui nous transmet tout faits « les instincts, les réflexes et l'hérédité sociale — *social heredity* — ce que nous devons à la société ».

L'hérédité sociale constitue tout ce que l'enfant apprend de son père ou de sa mère, voire même d'un étranger. « c'est de l'hérédité, car il le tient de son père, mais ce n'est pas de l'hérédité physique puisque ce n'a pas été transmis physiologiquement à la naissance » (6). De là la distinction tranchante qu'il faut faire, selon lui, entre la nature humaine et la nature animale. L'homme « a très peu d'instincts et pas complets, mais

(1) Voir plus haut, p. 31-32.
(2) *Ibid.*, p. 25.
(3) *Procès de la soc. biol.*, 111-112.
(4) *Transformisme social*, Paris, Alcan, 1895, p. 267.
(5) *Indice céphalique*, p. 240.
(6) *Ethical and social Interpret.*, p. 60.

il peut apprendre des choses nouvelles... les insectes ont des instincts remarquables, mais ils ne peuvent plus rien apprendre ». De ce simple fait il résulte avec évidence la complète confirmation de notre thèse, car « ces deux genres d'hérédité sont *en raison inverse* l'un de l'autre », et puis les transmissions par l'hérédité sociale « contiennent une activité d'une très haute forme de conscience qui contraste avec celles des transmissions physiologiques ».

En un mot, « il y a deux facteurs » dans l'individu social concret, le facteur social et le facteur biologique. Pour M. Baldwin, l'hérédité naturelle se distingue de l'hérédité sociale par « la plasticité qui caractérise cette dernière et la fixité qui caractérise la première » (1). Ainsi, la dualité de la nature, — non pas à la vieille façon — qui existe dans l'individu moral, se dessine dans des lignes de plus en plus nettes. Poussons jusqu'au bout l'analyse de cette plasticité, par suite, de cette hérédité sociale et nous comprendrons ce qu'il y a au juste à la base de cette dualité et en quoi celle-ci consiste.

Nous venons de le dire, et avec insistance, les modifications subies par l'individu de la part du milieu social, à cause de leur instabilité, réfléchissant l'instabilité de ce milieu, ne peuvent pas se transmettre physiologiquement, et de là la nécessité d'une transmission extérieure sociale.

Cette transmission extérieure forme comme des instincts extériorisés dans quelque chose de stable, et qui ont à la fois le même effet que les instincts imprimés dans l'organisme. Mais, pour que cette hérédité sociale arrive à produire les mêmes effets que l'hérédité biologique, elle doit être accompagnée par tout un processus d'actions intermédiaires qui vont constituer, en effet, la trame de la vie sociale, à savoir : l'éducation et la tradition, qui s'accomplissent par l'imitation (2), et par la contrainte (3), etc. Au fond même de ces actions sociales existe ce fait central de la *suggestion*, qui « est un processus général

1) *Ethical and social Interpretation*, p. 62, 63, 64. De Roberty. *L'E-thique*. IV Paris, 1900, p. 77-78-81 confirme absolument cette manière de voir.
(2) Tarde. *Les lois de l'imitation*, passim.
(3) Durkheim. *Règles de la méthode*, passim.

du déterminisme de nos états de conscience », car « il ne peut être un acte de notre vie où elle n'intervienne pour sa part, où nous ne subissions du dehors quelque impulsion inconsciente, mais à laquelle nous obéissons » (1). Guyau a eu, lui aussi, une conception exacte de l'étroite relation qui reste entre l'éducation et la suggestion en tant qu'opposée à l'hérédité, car il dit bien, quoique incidemment, que « c'est surtout dans l'ordre moral que l'éducation règne ». « Il est difficile de prétendre, dit-il, qu'on naisse vertueux par hérédité (2). »

« Le sens moral est un produit supérieur de l'éducation, on ne peut donc pas parler d'intuitions morales innées (3). » Tout au plus l'hérédité peut donner une certaine malléabilité du cerveau (4). Or, qu'est-ce que l'éducation, sinon « un ensemble de suggestions coordonnées et *raisonnées* » (5), capables « de *créer des instincts artificiels* » et ayant « une puissance *comparable* à l'hérédité » (6). On le voit bien, poussant l'analyse jusqu'au bout, on trouve que la suggestion est l'acte essentiel le plus élémentaire qui est à la base et de la contrainte et de l'imitation, et, par suite, de toute l'éducation et de toute la tradition, qui constituent l'hérédité sociale. C'est cette suggestion qui dissout la force des instincts, c'est à son action corrosive que la fixité organique cède, et, par conséquent, c'est par son intervention que le milieu social instable, superficiel, peut lutter contre le milieu cosmique rigide, ce qui paraît impossible et paradoxal.

Mais après avoir saisi dans la suggestion l'acte le plus élémentaire du déterminisme social, il faut voir aussi quel est le mécanisme effectif de cet acte, en quoi consiste sa force ? Guyau le dit bien, les suggestions doivent être « coordonnées et raisonnées ». En d'autres termes, pour que l'éducation et, par suite, la suggestion, ait la force dissolvante que lui attribue Guyau, il faut qu'elles soient méthodiques et constantes. Il faut qu'il y ait quelque chose de rigide, de durable derrière ces suggestions

<hr>

(1. Docteur Simon. *L'Année psychologique*, 1899, p. 441.
(2) *Hérédité et Éducation*, p. 77.
(3) *Ibid.*, p. 70-71.
(4) *L'hérédité morale de M. Spencer. Rev. phil.*, 1879, p. 315.
(5) *Op. cit.*, p. xv.
(6) *Ibid.*

« raisonnées », d'où elles découlent méthodiques et coordonnées, et d'où elles puisent leur efficacité. Quelle est donc la source de ces suggestions ?

Elles sont émises et coordonnées par les institutions sociales puissantes, où elles sont contenues comme dans des réservoirs immenses. Ces institutions sont : la Famille, l'Ecole, l'Eglise, l'Usine, la Caserne, les Tribunaux, etc., autant de moules gigantesques dans lesquels doit couler le fond de la vie biologique des hommes vivant en société (1).

Ces institutions modèlent la vie physiologique qui en y passant doit en ressortir sociale et morale, tout comme l'hérédité biologique moule la matière physique pour la transformer en matière vivante.

A proprement parler, ce sont les personnes représentant ces institutions qui sont la source de ces suggestions dont nous sommes le produit, car, comme le dit très expressivement mon savant ami *M. Mony Sabin*, « nous sommes le produit de notre organisme et des *individus qui de toute façon nous touchent* » (2).

Quoi qu'il en soit, ces institutions sont en effet les vrais organes de l'Hérédité Sociale, elles sont comme des accumulateurs de ces instincts extérieurs sociaux, ou bien de ces succédanés des instincts : les arts, les métiers, les prescriptions morales, etc. Elles constituent donc la vraie source d'où la plasticité cérébrale tire la force, qui lui est nécessaire pour lutter contre les lois biologiques et contre la rigidité organique. Cette force c'est ce qu'on appelle en termes sociologiques : *l'autorité* qui, précisément, donne le cachet social au phénomène de la suggestion. C'est dire que la suggestion, pour être un fait social proprement dit, doit venir de la part d'un personnage qui représente une des différentes institutions sociales. C'est ce qu'à bien vu Guyau, « c'est le commerce des parents respectés, d'un maître, d'un supérieur, dit-il, qui *doit* produire des suggestions » (3). M. Duprat ne fait lui aussi, que confirmer notre thèse quand il affirme qu' « un fait social particulier est le ré-

(1) Durkheim. *Règles de la méthode*, p. 11. Espinas. *Les origines de la technologie*, p. 3-8.
(2) « Goethe et Hugo ». *La Grande France*, 1902, février, p. 90.
(3) *Hérédité et éducation*. p. 11.

sultat de l'action exercée sur les individus par une institution sociale » (1). Et nous avons encore de notre côté, outre l'opinion très expresse de M. Baldwin, celle non moins forte, de M. Abramowski. « L'organisation des faits sociaux subsiste, dit ce dernier, dans les institutions (2). » C'est sans doute cette dualité, sous cette forme particulière, des institutions et des instincts, qu'a conçue M. Ward en disant que « dans le monde rationnel la religion se substitue à l'instinct du monde sous-rationnel » (3).

Dans le même ordre d'idées se trouve M. Tarde en affirmant que « l'imitation est la pierre de touche la plus nette pour distinguer ce qui est social de ce qui est vital » (4). M. Simmel résume à peu près cette thèse en soutenant que « les sociétés persistent » par la tradition qui découle de ce fait qu' « à chaque moment le nombre des membres qui composent le groupe, constituent une vaste majorité qui l'emporte sur ceux qui entrent » et par là « l'identité du groupe est sauvée », car cette majorité « *assimile* complètement ces derniers à elle-même » (5).

Ce qu'était pour M. Le Dantec le principe de l'assimilation chimique ou autrement dit l'hérédité physiologique qui « fait que l'amibe d'aujourd'hui est semblable à l'amibe d'hier » (6), doit être pour nous, comme M. Simmel nous le démontre d'ailleurs, *l'hérédité sociale*, ou autrement dit la tradition, une *assimilation* d'autre nature, qui fait, elle aussi, que la société d'aujourd'hui est semblable à la société d'hier. De même que la société naturelle, mécanique inconsciente s'est dénaturée pour devenir consciente, et par suite éthico-sociale, de même l'*hérédité biologique* s'est immatéralisée, s'est désorganisée et extériorisée, pour devenir *l'hérédité-tradition*, transmission *spirituelle*, c'est-à-dire *Hérédité Sociale*.

En somme ce qui semble se dégager de ce que nous venons de voir, c'est que sous l'action de l'éducation, des suggestions

(1) *Science sociale et Démocratie*, p. 53.
(2) *Bases psychiques de la société*, *Revue internationale de sociologie*, 1897, p. 601.
(3) *International Journal of Ethics*, January 1888.
(4) *La logique sociale*, Alcan, éd. II, p. VIII.
(5) *American Journal of sociology*, 1897-98, p. 630.
(6) *Théorie nouvelle de la vie*, p. 88.

« raisonnées », des diverses sanctions sociales, auxquelles nous devons ajouter les autres causes plus générales, à savoir la mobilité des circonstances, le mélange des races, leur neutralisation réciproque, l'hérédité physiologique recule, les instincts se dissolvent, et donnent lieu à une plasticité organique qui rappelle cette « tabula rasa » idéale... Or, à mesure que cette hérédité biologique recule, elle donne lieu à une Hérédité Sociale qui produit des effets contraires aux effets de celle-là. De là deux conséquences : 1º Dans l'individu, sur cette table rase, suffisamment plastique, viendra se construire et se *greffer* la personne éthico-sociale, créature consciente et intellectuelle de l'hérédité sociale, l'être spirituel, mais d'une spiritualité expérimentale, car il n'est que le *produit ou le résumé des relations interindividuelle, dans une société organisée.* 2º Avec l'apparition de cet être social, de cette personne spirituelle les rapports *interindividuels* commencent à être régis par des lois éthico-sociales de justice et de solidarité, à l'exclusion des lois naturelles de *survie*, de *lutte* et *inégalité*, qui n'ont « aucune sympathie, comme nous l'affirme Huxley, pour les fins morales ». Car « *Istar-Nature* ne demande rien qu'un champ et un jeu libre *for her darling the strongest* » (1). Et en effet en tant que biologique la société est le champ libre de la guerre, de sorte que M. Tarde a pu dire : « Les nations modernes *en temps de guerre* ont un caractère *organique* marqué. Le biologique suit les lois biologiques (2)... »

Nous avons dans la société éthique ou purement sociale un règne nouveau avec des lois nouvelles, le règne de la *seconde nature*, essentiellement irréductible à la première nature, et dont les lois non plus ne sauraient se réduire aux lois de celle-ci. En effet, « si c'est la nature qui plante c'est la société qui greffe, — dit M. Bouglé, — et ce sont les qualités de la greffe bien plutôt que celles des plantes que vous reconnaîtrez dans la fleur » (3). On comprendra facilement alors la futilité de ces théories, mises en circulation par de « *profonds* jour-

(1) *Evolution and Ethics*, p. 205-208.
(2) Tarde, *Logique sociale*, 132.
(3) *Revue socialiste*, 1899, p. 201.

nalistes » et acceptées par les demi-savants,ces vulgaires théo·
ries matérialistes, d'autant plus basses, que le matérialisme y
est plus déguisé,qui veulent que le talent ou le *génie* soit *inné*,
hérité comme une qualité physiologique *naturelle*.

Sans doute c'est à cette manière de voir que s'opposait
Stuart Mill qui aspirait à édifier « toute la nature morale de
l'homme sans emprunter aucun secours à la conscience intui-
tive ni à l'instinct physiologique » (1).

Ici encore il paraîtra peut-être à plus d'un lecteur que nous
avons perdu notre temps à démontrer et à mettre au point une
vérité déjà admise par tout le monde.

Mais en réalité il est loin d'en être ainsi. Pour prouver com-
bien cette vérité est confuse et peu sûre nous devons rappeler
la thèse de Spencer, d'après qui l'homme des siècles prochains,
par l'accumulation héréditaire des effets, des influences morali·
satrices, exercées sur lui par la société, viendra au monde muni
du sens moral instinctif comme il vient maintenant muni du
sens de la douleur et du plaisir (2). Or nous avons vu que le
moral n'est que l'effet du recul de l'hérédité et de la dissolution
des instincts. Guyau nous en avait procuré l'appui. Mais la conception morale de Guyau en est-elle moins profondément biologique ? Sa morale est-elle autre chose que l'effet de l'expan-
sion de la vie riche (3). De même M., Manouvrier, après avoir
longtemps, et avec des preuves évidentes, combatu l'hérédité
des actes et aptitudes, revient sur ses pas en disant que « le milieu agit en général sur l'organisme *conformément* à la façon
dont celui-ci est préparé à réagir » (4). N'est-ce pas dire par là
que la part principale du déterminisme de nos actes — leur
formule — revient à l'hérédité biologique ? Ces seuls exemples
suffisent pour juger de l'utilité de la tâche que nous avons en-
treprise dans cette étude.

Récapitulons ce qui résulte de cette dernière partie de notre

(1) Bagehot, *Les lois du développement des nations*, Alcan, Paris
1885.
(2) *Principles of Ethics*, 1892. London. p. 128-131. et 118-119.
(3) *Esquisse d'une morale*, passim.
(4) *Les actes et aptitudes*. Rev. scient., 1891. p. 231.

recherche. La dualité et l'opposition effectives existant entre le déterminisme social et le déterminisme biologique, nous l'avons trouvée ici, cachée sous la controverse théorique suscitée par le problème de l'hérédité des caractères acquis.

En distinguant le déterminisme biologique du déterminisme social dans l'examen de théories courantes sur l'hérédité des caractères acquis, nous croyons avoir, le premier, trouvé le moyen de faciliter la solution de ce problème biologique, et avoir trouvé par cela même *le quid proprium* des faits sociaux. En effet la non-hérédité des modifications, subies par les hommes de la part du milieu social si changeant, n'est plus contestable, pas même de la part des partisans les plus convaincus de l'hérédité biologique.

Or, nous saisissons dans cette non-hérédité même le caractère essentiel, cette *differencia specifica* qui distingue le social du vital, tout comme les biologistes ont trouvé dans *l'hérédité le quid proprium* qui distingue le vital du physico-chimique. Cette non-hérédité nous l'avons exprimée d'une façon positive dans l'idée *d'hérédité sociale*. La différence entre le déterminisme vital et le déterminisme social consiste en ce que *le déterminisme social dérive d'un ensemble d'institutions extérieures au corps de l'individu, et qui constituent l'Hérédité sociale*, tandis que le déterminisme biologique dérive d'un ensemble d'instincts inscrits dans le corps et qui constituent l'hérédité biologique.

Le déterminisme social est donc une formule extérieure objective (1) ; le déterminisme biologique est une formule organique innée. *Est social tout ce qui n'est pas transmissible, et tout ce qui n'est pas inné ; est biologique tout ce qui est inné, transmissible.*

A proprement parler l'opposition entre le social et le vital c'est l'opposition entre l'instinct et la raison, l'un étant l'effet organique des conditions simples et relativement permanentes du milieu physique, l'autre l'effet des conditions complexes et des relations interindividuelles dans le milieu social. Cette

(1) Nous arrivons donc à une définition du fait social, qui peut être regardée comme trop analogue à celle que M. Durkheim en a donnée. Notre recherche peut aussi être comptée comme une recherche devant démontrer la légitimité du point de départ de M. Durkheim.

opposition résulte de ce que la rigidité organique des instincts permet difficilement l'adaptation aux conditions changeantes du milieu social, qui, à mesure qu'il se développe, exige une plasticité de plus en plus grande de l'organisme. Cette plasticité, on l'a vu, s'acquiert lentement et péniblement par la dissolution des instinct, sous l'action corrosive de la suggestion des sanctions et des institutions sociales.

Avec l'augmentation du volume et de la densité sociale la rigidité organique, produit des conditions permanentes du milieu physique, doit céder et on arrive ainsi à cette *table rase des philosophes, sur laquelle les circonstances et les conditions de la vie sociale, les rapports des hommes vivant en société organisée construisent la personnalité consciente, spirituelle c'est-à-dire raisonnable, qui devient le support, l'agent et le résumé du déterminisme social.* Le milieu social, ajouté au milieu cosmique, crée et greffe l'être spirituel, l'intelligence, sur l'être biologique, création du milieu cosmique. En un mot le conscient et le raisonnable apparaît en même temps que la *non-hérédité* des qualités acquises, c'est-à-dire avec l'hérédité sociale.

Mais, pour y arriver il faudrait au moins déblayer le terrain des fausses théories pour que la rigidité organique ne soit plus fortifiée et exagérée par la rigidité théorique de l'hérédité des qualités acquises et des faits moraux, que forgent ceux qui sont encore dans l'attente d'une morale instinctive. Il vaut mieux fortifier les institutions sociales et leur prestige, comme la seule source de la moralité et du social et ne plus rien attendre de l'hérédité et des instincts que des boutades amorales à la Nietzsche.

CONCLUSION

I. — Quel est maintenant notre point d'arrivée?

Nous espérons avoir donné plus d'une preuve, et à plus d'un point de vue, pour démontrer que le déterminisme éthico-social est quelque chose de réel qui n'est compromis ni par les lois naturelles et biologiques, c'est-à-dire la sélection naturelle et l'instinct, ni par l'accusation d'épiphénoménalité, ni enfin par la loi de l'hérédité physiologique. La formule scientifique de ce déterminisme social c'est l'hérédité sociale, l'élément concret en est l'acte de conscience, de raison, correspondant à un faisceau de rapports sociaux, souvent matérialisé dans un objet extérieur, et les lois principales en sont la *justice* et la *solidarité*. L'augmentation du volume et de la densité sociale, deux facteurs de la constitution du groupe social, est la cause qui provoque ce déterminisme social, car elle rend inconcevable l'hérédité des qualités acquises sous l'influence du milieu social. L'hérédité des caractères acquis entraîne dans sa ruine les lois biologiques et les instincts. Tout au moins, ces derniers en sont oblitérés au point d'être abolis ou mis en échec par un acte de volonté réfléchie.

L'augmentation du volume et de la densité de la société est donc la condition et la cause qui fait que la *nature* biologique de l'homme se *dénature* et se *renverse*, et qui, en dissolvant les instincts, conduit l'homme à cette plasticité parfaite d'une *table rase*, hypothétique. Or, une fois, arrivé-là, l'homme est

accaparé par les conditions de la vie sociale, par le
déterminisme des relations, des rapports sociaux et des sanctions sociales qui lui donnent une forme nouvelle et greffent
sur la nature biologique une vie et un être nouveau, spirituel,
raisonnable, cette vie « *sui generis* » « surajoutée au corps »
dont nous parle M. Durkheim (1). Cette nouvelle création
sociale, c'est « cette personnalité artificielle bâtie sur la personnalité naturelle » (2), dirait Huxley, produit de l'éducation
« qui consiste à surcharger d'une organisation artificielle
l'organisation naturelle du corps » (3). En un mot, le social c'est
le spirituel et l'idéal, mais un idéal réaliste et un spirituel
expérimental, car quoi de plus expérimental que l'éducation et la
tradition ? Sans doute, c'est dans ce sens-là que M. Ward a pu
dire que « l'esprit est un nouveau pouvoir introduit dans le
monde et que toute la civilisation est un produit de l'art, qui
est l'antithèse de la nature » (4). Le lien causal qu'il y a entre
l'éducation et le spirituel éthico-social est si vrai et si réel
qu'il a été remarqué même par les adversaires du déterminisme social. « Tant que l'âme a été regardée comme distincte
du corps, l'influence de l'éducation, dit M. Lapouge, a été regardée comme prépondérante... » (5). Avec la conception
moniste le « domaine de l'hérédité s'est accru » (6).

Disons donc en peu de mots que les conditions d'une société
grandissante mettent une limite réelle aux lois et à la nature
biologique des hommes, afin de construire sur cette nature
biologique une seconde nature, la vie spirituelle, consciente et
raisonnable, qui est soumise à des nouvelles lois. *Cette seconde vie spirituelle consciente est le produit, par suite,
le représentant en raccourci dans l'individu, du complexus des relations et des circonstances sociales où il
vit.* D'où il s'ensuit que la vie mentale, l'esprit ne sont pas,
comme on le croit d'une façon si vulgaire, la sécrétion du
cerveau, ou bien une dérivation des rapports qu'il y a entre

1. *Division du travail social*, p. 385.
2. *Evolution and Ethics*, p. 30.
3. *Les Sciences nat. et l'éducation*, p. 25-10.
4. *Mind*, July, Oct. 1894, January, 1895.
5. *Op. cit.*, p. 105.
6. *Ibid*, p. 106.

les cellules du cerveau ; au contraire la raison, *la vie mentale, est une dérivation exclusive des rapports qu'il y a et qui se créent entre les individus* vivant dans *une société organisée et grandissante*, en d'autres termes une *dérivation originale de la constitution du groupe social* et non pas de la constitution physiologique de l'individu. Bref, *l'intellect et la conscience ne sont pas un produit de la cellule ni des rapports entre les cellules, mais ils sont le produit des rapports entre les individus comme unités sociales ; l'esprit et l'intellect ne dépendent donc pas des rapports entre les cellules mais des rapports entre les individus ; et l'esprit* est riche, mobile, profond, étendu, selon l'étendue et la forme de ces rapports (1).

Résumons tout cela dans ces quelques mots :

1° L'homme biologique, sous l'influence des conditions extrêmement mobiles et complexes du milieu social grandissant, et en vertu même des lois biologiques qui sont la lutte et la conquête, perd la faculté de transmettre par voie physiologique aux générations suivantes les qualités acquises dans ces conditions, et il la remplace par l'*Hérédité sociale*. Ou bien ce que cette hérédité biologique peut transmettre encore, c'est seulement *une plasticité organique croissante* qui rend impossible toute hérédité physiologique des qualités acquises par les générations à venir. La conséquence en est une malléabilité croissante de l'organisme qui le rend adoptable à toutes les variations du milieu social, ce qui fait que l'hérédité physiologique des variations organiques correspondantes devient *inconcevable* et donne lieu à cette *table rase* à cet *homme moyen* postulé par les philosophes.

2° Sur cette table rase vient se greffer l'homme moral ou social, c'est-à-dire raisonnable, l'être intellectuel ou spirituel qui est précisément le produit de ces conditions très mobiles et très complexes du milieu social qu'il reproduit et résume en lui et par lui. En lui, la sélection naturelle change, se détruit et aboutit à la justice sociale. Il devient le vrai agent du déterminisme social.

(1) De Roberty. *Constitution de l'Éthique*. Paris, Alcan, 1900, p. 143.

3° L'intelligence, la mentalité, les lois morales en un mot, la conscience ou le psychique ne sont pas la dérivation de la qualité et de la constitution matérielle du corps, mais ils sont le produit et ils dépendent de la qualité et de la constitution du groupe social, des *rapports qu'il y a entre les individus* vivant dans une société organisée et non pas des rapports de cellules et de tissus qui vivent dans le corps. L'esprit n'est plus le reflet du corps matériel de l'organisation comme le voudrait la métaphysique matérialiste d'un *Spencer*, *Conta* (1) ou *Buchner* (2) par exemple, mais l'expression de l'organisation *supramatérielle, méta-physique* de la société progressive.

Nous considérons le premier point comme provisoirement acquis pour la science. Au risque de paraître trop présomptueux nous nous flattons de tenir là une découverte d'une portée considérable pour la sociologie, car ce sera, pensons-nous, la clé de tous les problèmes éthico sociaux. Il y a là, en effet, une découverte qui fera fortune, puisqu'il y a trop de discussions et de courants d'idée qui y trouvent leur accord. C'est une clé sûre pour beaucoup de portes fermées, dans les mains de ceux qui sauront s'en prendre.

Les deux derniers points, nous les déduisons de ce premier, ils sont, à vrai dire, notre point d'arrivée, mais nous en faisons le point de départ de nos recherches prochaines.

Notre thèse peut-être regardée comme une consécration scientifique de tout ce qu'il y a eu de vrai dans la métaphysique spiritualiste et au fond de toutes les conceptions religieuses, où si l'on veut, inversement, nous considérerons les grands faits, réels s'il en fut, des conceptions religieuses et des métaphysiques dualistes comme autant de preuves indéniables en faveur de notre thèse.

De même, nous trouvons que la distinction, faite par Kant, entre la sensibilité et la raison, est encore la conception plus ou moins claire de la distinction, telle que nous l'avons trouvée, entre le social et le vital. A le bien considérer, cet *Impératif catégorique*, création de la raison, purifiée de

(1) *Fondements de la métaphysique.* Paris, Alcan. passim.
(2) *Force et matière*, passim.

tant de mélange charnel ou émotionnel, n'est-il pas la vision anticipée et idéale de ce que nous appelons ici le déterminisme social ?

En effet, il suppose tout ce que nous avons constaté que le déterminisme social suppose, à savoir, le regres des instincts, la parfaite soumission du corps et de la sensibilité à la raison, qui aurait pénétré et spiritualisé notre fond biologique. De plus, il suppose la toute-puissance de la volonté de l'homme lorsque cette volonté aurait coïncidé avec cet impératif, voire avec ce déterminisme social.

Concluons donc : 1° la *sélection naturel'e* et l'*inégalité* s'effacent progressivement à l'intérieur de la société, au fur et à mesure que la société, en se réalisant, de naturelle et biologique qu'elle était à l'origine devient morale ou pour mieux dire purement sociale. *Gemeinschaft*, société basée sur la communauté du sang, groupement organique d'origine absolument naturelle devient *Gesellschaft*. société basée sur le contrat, groupement artificiel. (Tonnies, *Gemeinschaft* et *Gesellschaft*.Leipziq, 1887.) La sélection cède le pas à la *justice*, à la *solidarité* morale, l'inégalité naturelle se fait remplacer par l'égalité éthico-sociale. Il s'ensuit que rien de plus erroné que les suppositions de ceux qui combattent, même théoriquement, cette égalité sous prétexte qu'elle n'est pas naturelle, qu'elle n'existe pas dans la nature, et qu'elle est par suite utopique. Mais si l'*égalité* est une utopie par rapport à *la nature proprement dite*, elle est ou elle sera réaliste par rapport à *la nature éthico-sociale* et ce sera l'*inégalité* qui sera une chimère pour cette dernière nature.

2° L'inconscient, le spontané donnent lieu, avec le progrès de la société, à la volonté consciente et raisonnable. La conscience, épiphénomène inutile et inactif, devient ainsi, nous l'admettons avec M. Fouillée, phénomène actif, déterminant. Les objections de ceux qui nient la liberté, la force déterminante des idées et de l'idéal, deviennent les préjugés ingénus d'une science mal renseignée et encore dans une phase de décevante naïveté.

3° L'hérédité physiologique, conséquence de la rigidité du

milieu cosmique, se neutralise progressivement à cause de la mobilité et de la complexité croissantes du milieu social. Ou bien cette hérédité biologique se réduit à transmettre aux générations futures, précisément cette malléabilité extrême de l'organisme qui est la négation même de l'hérédité. Elle se fait remplacer par l'hérédité sociale, et ses dérivés : la *Tradition*, l'*Éducation*. Autrement, l'hérédité deviendrait un obstacle au déploiement de la vie biologique elle même et *a fortiori* de la vie sociale qui nécessite une parfaite malléabilité. L'*instinct*, produit de l'hérédité physiologique, s'altère, se désorganise et aboutit, par une progression indéfinie, à la raison, produit de l'hérédité sociale. La futilité de ces hypothèses inconsciemment matérialistes du génie et du talent innés est dès maintenant hors de doute.

Bref, le passage du déterminisme biologique au déterminisme social consiste dans le passage de la *sélection* à la *justice*, du *spontané* au *conscient*, de l'hérédité physiologique et de l'instinct à l'hérédité sociale ou à la raison.

Nous nous trouvons précisément dans une époque d'*organisme contractuel*, de *bio-sociologie*, où déjà le biologique s'est perverti à moitié en social (Kidd, Fouillée), dans une époque de transition, de dialectique entre ces deux déterminismes.

La science, simple enregistreur de ce qui est, surtout du passé biologique, vient en opposition avec la réalité du déterminisme social, qui est une réalité de devenir et de dialectique, et lui met ainsi un obstacle sérieux (1). De là, la nécessité d'opposer et de compléter la science par une *prescience*, dont la vérification ne peut pas être complètement faite dans le présent, étant forcément laissée sur le compte de l'avenir. Le seul appui que nous pouvons procurer à cette prescience, c'est l'attitude volontaire de notre esprit. Nous nous trouvons ici vraiment dans un cas exceptionnel, où la science tourne contre la réalité et la paralyse au lieu de l'aider. Surtout quand la science, comme c'est le cas de la sociologie, est encore une pseudo-science. M. *Andler* l'a pu prouver facilement, il n'y a pas longtemps, dans une très intéressante discussion sur le

(1) Bouglé. *Revue de métaphysique et morale*, 1896.

problème de la démocratie devant la science sociale. (*Rev. Metaph.*, 1896, p. 211 et suiv.)

Nous traversons un moment où l'avenir ne peut pas et ne doit même pas être déduit rigidement du passé. Il faut, dans l'intérêt de la science même, compléter et fortifier les arguments incomplets par des aspirations fortes, par des actes de croyance. Il faut croire à la justice et l'égalité dans la mesure même où l'on ne peut pas prouver suffisamment leur réalisation; au libre arbitre de la volonté consciente dans la mesure même où l'on ne peut pas le vérifier; à la supériorité morale et intellectuelle acquise, produit de l'éducation, quand même elle ne serait pas assez prouvée. C'est dans l'intérêt de la science de l'avenir que nous devons, en matière sociale, et en cette matière seulement, nier la science d'aujourd'hui, opposer par un acte de croyance la justice à la sélection scientifique et naturelle, la conscience raisonnée à la rigidité organique, l'éducation et la raison à l'instinct et à l'hérédité. Ce n'est que de cette façon que nous pouvons les réaliser, et réaliser l'avenir de la société et arriver à une époque purement et franchement sociale (Huxley, Durkheim), attendu que cet avenir puise forcément sa réalité et sa substance dans nos efforts conscients. Par cela même nous aurons procuré à la science de l'avenir la possibilité d'enregistrer et *vérifier* ces faits et ces lois, la possibilité d'être.

II. *Quelle est alors la vraie position du problème du déterminisme social ?*

Pour répondre à cette dernière question, nous devons nous rendre compte de ce qui peut rester des conceptions négatives ou légèrement équivoques que se font du déterminisme social, MM. Maurice Bloch, Espinas, Tarde.

Tous les trois n'admettent pas le déterminisme social tel que nous l'avons dégagé de cette étude. Pour M. Tarde dans la sociologie, il y a « improvisibilité absolue (1) ». D'après M. Bloch il n'y a pas de science sociale, car « on n'a pas découvert des

____

(1) *La réalité sociale*. Rev. philosophique, 1901, p. 461.

lois sociologiques ». M. Espinas est au contraire très convaincu qu'il y a des « lois sociales naturelles » mais, « au-dessus de la portée des individus » (1). Il est convaincu encore que la prévisibilité est difficile, sinon impossible, « car les phénomènes sociaux sont si variables et complexes qu'on n'en peut pas tenir compte », et il s'en suit que l'individu ne peut pas non plus déterminer ou réglementer le cours si compliqué de ces choses.

M. Espinas est franchement révolté contre ces grandes ambitions chimériques de quelques réformateurs qui veulent réglementer des choses tellement complexes et changeantes comme par exemple « les valeurs ».

Cependant il semble qu'on pourrait remarquer comme un vice de logique, au fond des affirmations de ces trois penseurs. Ce vice de logique consiste précisément en ce que tous les trois concluent de notre ignorance effective à l'heure qu'il est, à un *ignorabimus* définitif, de la complexité des phénomènes sociaux, qui a retardé la découverte des lois de ces phénomènes, à l'inexistence de ces lois ou bien à l'inefficacité de la volonté de l'individu en face de ces lois, ce qui ne nous paraît pas du tout ni logique ni réel.

A notre modeste avis, dans l'état actuel des choses, il faut plutôt attribuer la complexité des faits sociaux au manque de prévisibilité et de réglementation, par suite de lois sociales, au lieu d'attribuer le manque des lois et de prévisibilité à la complexité et à l'irrégularité des faits. En d'autres termes, s'il n'y a pas encore des lois sociales, la faute en est au scepticisme illogique, à la conception naturalisme et conséquemment fataliste qui interdit à l'individu de simplifier et réglementer ce qui est complexe et arbitraire, car il est incontestable que la complexité anarchique des causes sociales est due au hasard, à l'arbitraire auxquels elles sont livrées. Au contraire, si on laissait intervenir la volonté réfléchie et la raison, le hasard serait éliminé, la multiplicité arbitraire des faits sociaux serait simplifiée, régularisée, la connaissance en serait accessible et avec

(1) Art. cité, et le cours fait cette année en Sorbonne.

la connaissance l'efficacité de la volonté des individus pour les réglementer. Sur ce dernier point M. Espinas est loin de nous contredire. Donc, le cercle vicieux de la conception naturelle est tourné et, clos de cette manière : Le hasard et le *laissez faire*, auxquels on abandonne les choses sociales, sont cause de cette complexité anarchique qui les rend inaccessibles à la connaissance, ce qui exclut l'efficacité de la volonté qui voudrait les réglementer raisonnablement, d'où il résulte la fatalité des lois sociales au-dessus de notre portée, et par conséquent le laissez faire et le hasard.

Somme toute, cette fatalité n'est que le résultat de la paresse ou de la faiblesse de notre esprit. Ou plutôt elle est l'invention des savants et philosophes habitués aux méthodes objectives et par cela même passives, et qui légitimes et heureuses dans les sciences naturelles, ne laissent pas d'être fausses et dangereuses dans les sciences sociales. Pour les savants observateurs à l'écart, la société ne peut se développer que spontanément d'après des lois naturelles, qui dépassent la volonté des individus. N'étant pas actifs eux-mêmes, parce que ce n'est pas à eux de pousser effectivement plus loin la réalité sociale, il leur est difficile de concevoir le rôle de la volonté même raisonnable de l'individu même social et il ne leur coûte rien de la sacrifier aux lois naturelles.

Heureusement, tout le monde ne partage pas cette conception naturaliste de la société. M. Espinas d'ailleurs ne lui est moins infidèle lui aussi, car c'est lui qui fait cette année en Sorbonne, les très belles leçons sur la philosophie de l'action. En effet, si tout le monde attendait que la société marchât seule, en vertu de ses lois naturelles, les individus sociaux n'y étant pour rien, on finirait par s'apercevoir que ces lois naturelles s'évanouissent avec la dernière volonté réfléchie du dernier acte voulu. C'est dire que ce qui, vu de l'extérieur, paraît spontané et naturel ne se réalise que par un effort de volonté réfléchie, de sorte que ici, le naturel est supporté par le voulu et le conscient, et nier le vouloir individuel raisonnable, c'est nier la réalité sociale elle-même. On comprend alors pourquoi la *réalité éthico-sociale se pose pour nous comme un « devoir »*, *pourquoi elle dit « on doit » au lieu de dire*

« *cela est* » comme la réalité naturelle. C'est parce que cette dernière existe et s'accomplit, malgré nous ou sans nous, tandis que la réalité sociale, ne peut s'accomplir que par nous, seulement à travers nos efforts, et nos volitions. Quand même la réalité sociale s'accomplirait d'après des lois transcendantes, fatales dans leur généralité, indépendantes de nous, encore faudra-il que ces lois descendent en nous pour prendre la forme de volition, d'efforts conscients, attendu que nous en sommes les agents et que nous agissons par des efforts conscients. *En aucun cas, la réalisation des lois éthico-sociales, ne peut se dispenser de notre intervention active, de nos efforts exprimés sous forme de devoirs. Pour qu'elles existent, il faut que nous les voulions, nous devons les vouloir. Toute leur réalité se puise dans notre volonté et constitue le fond de nos devoirs.*

En effet, de même qu'au fond du déterminisme physique et du déterminisme biologique, on trouve ce que notre ignorance appelle le « mécanique » et le « spontané », au fond du déterminisme social, on trouve le « *voulu* » et le « conscient ». La matière du déterminisme social est, en d'autres termes le devoir, *la volonté raisonnable* des hommes sociaux. Et c'est ainsi que le *mécanique* du monde des objets, ou ce que nous appelons mécanique, car nous les voyons du dehors, devient le *voulu*, le *devoir* pour le monde social — des consciences.

Dès lors, il appartient à la volonté raisonnable de se formuler dans des lois, qui doivent être les lois sociologiques, et de légiférer la marche des choses sociales. Il nous devient même difficile à comprendre comment on a pu imaginer un déterminisme éthico-social, au-dessus et en dehors de cette volonté, sinon par suite de cette erreur fondamentale d'avoir envisagé la nature éthico-sociale du point de vue de la nature physique et biologique. *Pour avoir évité l'anthropomorphisme dans la nature physique, on a abouti au naturalisme physique dans la société.* Mais autant l'anthropomorphisme dans la nature est pardonnable pour une science commençante, autant le naturalisme *stricto-sensu* dans le monde moral est une aberration logique, une insulte adressée au sens scientifique du XXe siècle. Que le naturel et le moral restent donc chacun chez soi.

Rien donc de plus arbitraire et de plus fâcheux pour le déterminisme social que cette attitude pseudo-scientifique qui, décourageant la volonté, tue dans son germe le déterminisme social ; qui, prêchant la *quiétude* et l'*aboulie* du laisser-faire, frappe à mort toutes formes de lois et réglementation, qui sont la manifestation du déterminisme social. Peut-être est-ce plutôt comme une opposition inconsciente à cette négation de la volonté qu'il faudrait interpréter la *volonté de puissance* que précha ce grand tyran intuitif que fut Nietzsche. Ce serait, en effet, assez pour qu'on passe à celui-ci tous les égarements et tous les préjugés anormaux dont il s'est rendu coupable. C'est sur ce point même qu'il se rencontra avec ses antagonistes les socialistes, qui prêchent et veulent, eux aussi, la suprématie de la volonté raisonnable sur le hasard et l'arbitraire, la volonté raisonnable légiférant de toutes les manières, moralement ou juridiquement, les menées capricieuses du destin.

Comment ne se sont-ils pas aperçus, les Herbert Spencer, Leroy-Beaulieu, Maurice Block et tous les économistes orthodoxes, qu'en prêchant l'aboulie du laissez-faire ils combattaient et neutralisaient toute une réalité en peine de s'enfanter ; que s'il n'y a pas encore de prévisibilité sociologique, des lois sociologiques définitivement admises, la faute en est à ceux-là même qui en déplorent l'absence tout en s'opposant à leur réalisation.

Car il faut légiférer pour que les lois existent, puisqu'on *ne peut découvrir les lois sociologiques qu'en les décrétant.* Les lois, dit sir F. Pollock, que font les princes et les gouvernants visent, avec plus ou moins de succès, à introduire l'uniformité d'action sur le terrain qu'elles couvrent.

Nous devons donc dire, sans craindre le paradoxe, que les vrais sociologues qui découvrent des lois sociales ce sont les membres des assemblées législatives ; ces assemblées sont de véritables laboratoires de sociologie. Mais légiférer et réglementer les choses sociales n'est-ce pas aller contre le credo du laissez-faire, qui veut dire faire au hasard sans ordre, sans réglementation ? C'est là le secret des sarcasmes avec lesquels les adversaires du déterminisme social, Herbert Spencer et Leroy-Beaulieu ont accablé la *manie* législatrice de nos temps, car cette manie est en effet la réalité de ce déterminisme en train de s'accomplir. On comprend aussi comment on peut écrire des dizaines de volumes de sociologie, qui loin d'avancer tant soit peu les affaires de cette science la paralysent certainement pour une vingtaine d'années.

S'il fut un temps où les philosophes étaient dans leur droit de crier *laissez faire, laissez passer*, il est maintenant le tour à ces derniers de crier aux philosophes: laissez faire notre manie législatrice, laissez passer nos « règlements » et nos « interventions ». D'ailleurs, tout ce qui se fait, ne doit-on pas le laisser faire d'après ce principe, et par conséquent la *manie législatrice* elle-même. Du moment que ce principe admet une exception dans le cas de cette manie, qu'on la considère comme non naturelle ou mauvaise, n'importe, sa validité est ébranlée et il ne manque pas de se détruire lui-même, par le fait même de cette exception, car dès l'instant que ce même principe veut que tout ce qui se fait on ne doit pas nécessairement le laisser faire, n'y a-t-il pas lieu vraiment de l'abolir une fois pour toutes?

Les partisans du laisser-faire, s'ils voulaient être conséquents à leur principe, n'auraient qu'à l'appliquer à cet engouement législateur qu'ils combattent tant et ce sera là sa dernière application.

Concluons donc en disant que la vraie position du déterminisme social est la suivante : ce déterminisme existe *virtuellement*, car l'augmentation du *volume* et de la *densité* de la société qui constitue cette virtualité est un phénomène qui frappe l'esprit de tous les observateurs.

Or nous avons vu que les conséquences en sont d'une part l'avènement de la conscience et de la raison, et par suite, de volonté raisonnable, au détriment des instincts, en second lieu, l'avènement de la justice et de la solidarité aux dépens de la lutte et de la sélection naturelles.

La volonté raisonnable, devenue de plus en plus forte, pénètre la nature biologique et s'efforce de la réglementer, en outre de légiférer toutes les choses sociales, en éliminant l'arbitraire et le hasard, et en les soumettant au principe de la raison, afin de réaliser cette prévisibilité sur laquelle le scepticisme de M. Espinas se rencontre avec celui de M. Tarde. D'ailleurs, à proprement parler, la virtualité du déterminisme social se réalisant progressivement, n'est autre chose que cette manie législatrice très significative de nos temps, que Spencer, Espinas et les libéraux combattent et que M. De Robert y constate et explique.

Donc, l'individu raisonnable, les autres individus, étant encore trop biologiques, n'y comptent pour rien, ne connaît et ne doit plus reconnaître la fatalité des lois sociales supérieures, parce que précisément, en tant que raisonnable, il porte avec soi-même ces lois sociales, dont il est l'agent. En tant que raisonnable et réfléchie la volonté de l'homme s'identifie avec le déterminisme social, et peut prescrire des formules efficaces à la réalité sociale. C'est à lui d'appliquer la raison aux choses sociales pour en *décréter des lois raisonnables auxquelles tous les hommes réfléchis obéiront volontairement.* La position du déterminisme social postule donc deux choses : les lois raisonnables, décrétées par des hommes réfléchis, et des hommes réfléchis pour obéir volontairement « à ces lois. D'où la nécessité de tout légiférer » d'une façon raisonnable, d'une part, et d'autre part la nécessité indéniable et inéluctable de l'éducation sociale qui doit muer des hommes encore biologiques en hommes sociaux, par suite raisonnables.

Lorsque tout sera légiféré et réglementé, tout sera prévisible comme dans le cas examiné plus haut, où celui qui connaît les programmes et les horaires peut prévoir les actes d'un jeune homme à des moments donnés de sa vie. La prévisibilité, pierre de touche de la science, sera acquise ainsi, mais seulement ainsi, pour la sociologie. Les divers *Codes*, contenant les divers règlements ou techniques, comme le disait M. Espinas, et toutes les lois positives, seront les chapitres de la sociologie future. Les lois positives s'identifieront avec les véritables lois sociologiques qui, dans ces conditions, s'accompliront avec toute la rigueur scientifique des lois physiques par exemple, et la sociologie sera, et dans ce cas seulement, aussi avancée et positive que la physique. Voilà pourquoi, nous semble-t-il, que M. Durkheim, pour avoir entrevu cette conception sociologique et pour avoir mis en relief l'importance du volume et de la densité de la société, peut être considéré comme un des premiers et un des plus grands sociologues, un vrai fondateur d'une science, *dont les lois ne sont pas à découvrir, mais en grande partie à décréter,* parce qu'elles sont encore au seuil du néant, d'où seule la *volonté raisonnable* de l'individu peut, malgré l'opinion contraire de M. Durkheim, les tirer.

Il y a assez de lois sociales pour ne nous plus permettre de nier le déterminisme social, *mais la sociologie définitive, la prévisibilité parfaite ne sera possible qu'après la réalisation intégrale de l'évolution sociale.*

On ne peut pas découvrir entièrement une réalité avant qu'elle n'existe, et quand nous en sommes les agents, nous ne pouvons faire mieux, pour la science sociale, qu'en travaillant à la réalisation effective des lois sociologiques.

Nous devons donc conclure que la méthode *active,* législatrice, *volontaire* (un peu dans le sens de Nietzche) de la démocratie, voire même du socialisme en général (malgré Nietzche) est la meilleure, la seule méthode qui puisse complètement conduire aux lois sociologiques et à la science de la sociologie. Dans cette science le fameux axiome de Comte ne semble-t-il se renverser et devenir : *Pouvoir ou vouloir c'est prévoir, afin de savoir ?*

IMPRIMERIE F. DEVERDUN, BUZANÇAIS (INDRE).

www.ingramcontent.com/pod-product-compliance
Ingram Content Group UK Ltd.
Pitfield, Milton Keynes, MK11 3LW, UK
UKHW021745090726
13657UKWH00002B/938